Revue GestEcoDroit

Année 2025

Volume 1

Numéro 9

DIRECTEUR DE PUBLICATION

Clotaire MOULOUNGUI

DIDACTIJURIS et Clotaire MOULOUNGUI
6, square du capitaine Guynemer
59960 Neuville-en-Ferrain
Didactijuris@yahoo.com

ISBN : 978-2-487740-34-1
ISSN 3096-8143

ARTICLES DE CE VOLUME 1

L'IMPUISSANCE SOCIALE FACE À LA VIOLENCE INDIVIDUELLE

Clotaire MOULOUNGUI
Maître de conférences hors classe à l'ULCO (académie de Lille)
Ancien Chef du Département Gestion des Entreprises et des Administrations
Responsable de la licence professionnelle Métiers de la Gestion et du Social

Résumé : Aussi bien les demeures privées que l'espace public sont gangrénés par la violence. Les victimes rêvent alors de revanche et de vengeance contre les coupables. Or quelles peines proportionnées leur infliger, compte tenu à la fois du besoin d'efficacité et du nécessaire respect de l'humanisme de notre société occidentale ? Les penseurs et les politiques ne cessent de se contredire.

Mots clefs : Violence ; vengeance ; humanisme ; proportionnalité des peines.

Abstract : Both private homes and public spaces are plagued by violence. Victims then dream of revenge and vengeance against the perpetrators. But what proportionate punishments should be imposed, given both the need for effectiveness and the necessary respect for the humanism of our Western society? Thinkers and politicians constantly contradict each other.

Keywords : Violence; revenge; humanism; proportionality of punishments.

§§§§§§§§§§§§§§§§

ISSN 3096-8143

I. – Le besoin de vengeance ou de revanche de chacun

En 2024, presque un demi-million de personnes ont signalé (aux forces de sécurité) avoir subi des violences physiques. Il s'agit en l'occurrence d'une augmentation d'environ 1 % par rapport à l'année précédente. Heureusement, 54 % des auteurs de ces violences auront été immédiatement identifiés : ils font partie de l'environnement de la victime. L'on notera que les autorités comptent à part les violences sexuelles (122 600), lesquelles ont connu une hausse de 7 % par rapport à l'année 2023. Ici en revanche, 25 % seulement des auteurs seront apparus facilement identifiables, en étant des membres de la famille de la victime (1).

En général, la personne victime d'une blessure morale ou physique voudra que l'auteur de celle-ci souffre lui aussi la même chose. Elle lui souhaitera donc du mal ou, plus exactement, tous les malheurs du monde (2). Pire, l'idéal serait que cette souffrance du coupable ne provienne pas du hasard, mais plutôt d'elle, la victime initiale. C'est l'idée de vengeance. Jadis, il était courant que la famille tout entière se mobilisât pour assouvir ce besoin de revanche. Le raisonnement était que le coupable (voire sa famille) avait une dette de sang ou une dette d'honneur (3).

---

1) https://www.interieur.gouv.fr/actualites/communiques-de-presse/victimes-de-violences-physiques-ou-sexuelles-enregistrees-par-0

2) Robert CARIO, Les droits des victimes : état des lieux, AJ pénal 2004. 425 ; De la victime oubliée... à la victime sacralisée ? AJ pénal 2009. 491.

3) HÉNAFF, La dette de sang et l'exigence de justice, in P. DUMOUCHEL, Comprendre pour agir : violences, victimes et vengeances, 2000, L'Harmattan/Les presses de l'Univ. Laval, p. 31-64). 196 ; Soazick KERNEIS, Juger ailleurs, juger autrement - Le viol antique : une affaire d'honneur, Les cahiers de la justice 2025. 123.

D'ailleurs, sa famille également. C'est l'idée de vendetta, où la vengeance se perpétuait à travers les générations. De sorte que la descendance ignorera parfois l'origine exacte de l'inimitié entre les deux familles, les deux clans, les deux tribus, etc. (4). Les personnes et les biens subissaient indistinctement cette vengeance privée : meurtres, viols, incendies, etc. Ces pratiques étaient sources de désordre et d'insécurité. Y compris pour des tiers qui étaient des voisins ou des passants. De nos jours (et malgré les préceptes pacificateurs des religions), les pratiques vengeresses subsistent plus ou moins discrètement dans les pays musulmans, en Italie ou en Corse, par exemple, relativement aux meurtres (dette de sang) et à la sexualité hors mariage (dette d'honneur).

Concrètement, les religions du Livre (Judaïsme, Christianisme, Islam) condamnent la vengeance aveugle. Mieux, elles prônent même parfois le pardon. L'aînée de ces religions (le judaïsme) a commencé par exiger une limitation des mesures de rétorsion prises par la victime et/ou sa famille. Il fallait désormais une certaine équivalence entre l'offense et la réparation.

Cette recommandation est aujourd'hui connue sous l'appellation de loi du Talion : œil pou œil, dent pour dent, main pour main, pied pour pied. En outre, la sanction était devenue individuelle (et non plus collective), car elle ne frappait plus que l'auteur du décès, de l'infirmité, des injures, etc. Il revenait à la famille de la victime de pourchasser l'individu en

4) Cour de justice de l'Union européenne, 27 mars 2025, Une vendetta peut-elle influer sur l'appartenance à un groupe social ? AJDA 2025. 630.

question en vue de lui infliger la sanction proportionnée qui était adaptée à son acte coupable ([5]).

Ensuite, le christianisme a semblé recommander de fermer les yeux et de ne point songer à se venger. Bien au contraire, celui qui avait reçu une gifle sur sa joue gauche devait se résigner à tendre la joue droite. La religion musulmane a été plus réaliste. Elle se contente de suggérer à la victime de renoncer à son droit de se venger. En ce 21ème siècle, des condamnés sont retirés au bourreau (Iran, Afghanistan) chargé de la pendaison. La raison est que, in extremis, la famille victime décline la mort du pêcheur. C'est le cas de dire qu'elle lui enlève la corde du cou.

II. – La dilemme entre humanisme et efficacité des peines.

BECCARIA, SALEILLES, LOMBROSO, BUKELE. De quoi s'agit-il ? Réponse rapide du juriste (du pénaliste), ce sont les patronymes de penseurs du domaine des infractions et des peines applicables. Alors que les deux premiers manifestent une certaine compréhension à l'égard des auteurs de crimes ou de délits, les deux autres se caractérisent par leur côté impitoyable (6). En tous cas, BECCARIA recommandait l'individualisation des sanctions (leur personnalisation) dans son célébrissime ouvrage Des ***délits et des peines*** (1764).

Près d'un siècle plus tard, LOMBROSO aura écrit ***L'Homme criminel*** (1876). Il aura à cette occasion complété son essai (1864) dans lequel il pointait la corrélation (sinon la causalité)

---

5) Félix ROME, Peine de mort : le débat des siècles, D. 2011. 2393.

6) Isabelle DRÉAN-RIVETTE, De l'individualisation à la personnalisation de la peine : approche épistémologique de la norme sanctionnatrice, Th. Rennes 1, 2003.

entre les déviances reprochées aux soldats qu'il diagnostiquait et soignait et les tatouages parsemant leurs corps. Saleilles aura pour sa part à nouveau plaidé pour « ***L'individualisation de la peine*** » (1898).

Bukélé se distingue de ces trois savants prédécesseurs par le fait qu'il n'est ni universitaire, ni auteur de livre. Il est même en revanche un praticien qui lors de son premier mandat présidentiel (au Salvador) avait fait enfermé les auteurs d'infractions, ceux qui semblaient en avoir commis, ainsi que ceux qui risquaient d'en commettre bientôt (7).

L'enfermement ne privait pas seulement de la liberté d'aller et venir ou de la liberté de communication. En effet, presqu'aucun droit de l'homme (sauf vivre) n'est reconnue aux prisonniers (8). Si en 2019 il avait obtenu 53 % des voix, en 2024 ce fut un plébiscite : presque 85 % des voix. D'autres Chefs d'États, notamment TRUMP veulent s'en inspirer (9).

Qu'en pense la vieille Europe préoccupée par la sauvegarde des droits de l'homme ? La question se pose avec d'autant plus d'acuité que les narcotrafiquants menacent la sécurité individuelle et la cohésion sociale. Déjà, en fin juillet 2025, une vingtaine d'entre eux (parmi les 100 plus redoutables) ont été regroupés dans une prison (une Centrale) aux conditions

---

7) https://www.radiofrance.fr/franceculture/podcasts/cultures-monde/salvador-une-megaprison-contre-les-gangs-5677470.

8) Aude DENIZOT, Ingérence étrangère : la France sur les pas du Nicaragua, RTD civ. 2024. 991 : « *le très médiatique président du Salvador, Nayib Bukele - qui s'appelle lui-même le dictateur le plus cool de la planète* ».

9) « *Le Salvador accueille plus de 200 membres présumés de gangs expulsés des États-Unis au nom d'une loi de guerre* » (https://www.lemonde.fr/international/article/2025/03/16/le-salvador-accueille-plus-de-200-membres-presumes-de-gangs-expulses-des-etats-unis_6581615_3211.html).

de fonctionnement beaucoup plus strictes (10). La puissance publique se trouve par ailleurs confrontée au recrutement par les gangs, de préadolescents, comme membres actifs, et surtout comme tueurs à gage. Compte de leurs méfaits et nuisances des milices privées sont en passe de se constituer en certaines zones du pays.

10) Cf. décret n° 2025-620 du 8 juillet 2025 relatif aux quartiers de lutte contre la criminalité organisée, à l'anonymat des personnels de l'administration pénitentiaire et modifiant le Code pénitentiaire a été publié au Journal officiel du 9 juillet 2025. Il a été adopté en application de la loi n° 2025-532 du 13 juin 2025 dite *Narcotrafic.*

LA PRÉGNANCE DE LA VIOLENCE AUJOURD'HUI ET JADIS

Clotaire MOULOUNGUI
Maître de conférences hors classe à l'ULCO (académie de Lille)
Ancien Chef du Département Gestion des Entreprises et des Administrations
Responsable de la licence professionnelle Métiers de la Gestion et du Social

Résumé : La violence revêt au moins deux formes, puisqu'elle peut être physique ou psychologique. Certes, les deux se cumulent parfois. Un autre classement est envisageable sur la base du but visé par le délinquant. On déplore volontiers la violence gratuite ; celle apparemment inspirée par la seule volonté de faire souffrir autrui. Son inverse est la violence intéressée, celle qui se justifie par la volonté du délinquant de s'accaparer les biens d'autrui.

Mots clefs : Violence gratuité, guerre, rançon, attentat

Abstract: Violence takes at least two forms, since it can be physical or psychological. Of course, the two sometimes occur together. Another classification is possible based on the offender's goal. We readily deplore gratuitous violence; that which appears to be inspired solely by the desire to cause suffering. Its opposite is self-serving violence, that which is justified by the offender's desire to seize the property of others.

Keywords: Gratuitous violence, war, ransom, attack

§§§§§§§§§§§§§§§§

Il est certainement faux de prétendre que notre santé, notre vie et nos biens soient plus menacés qu'autrefois. Car, aux époques reculées de nos ascendants, le danger se nichait à tous les détours des routes et sentiers, et à toute époque de l'année. Si certains des agresseurs perpétraient leurs horribles actes en vue de s'enrichir, d'autres paraissaient agir gratuitement, rien que pour le plaisir de nuire à autrui.

I. – La violence pour un enrichissement.

A. – Les larcins des vagabonds et les razzias d'envahisseurs.

Les paysans (les serfs) de France bâtissaient leurs masures à côté d'un château-fort afin d'aller s'y abriter à l'arrivée intempestive de pillards ou d'envahisseurs. Ensuite, à cause des bandits de grands chemins, aucun voyageur n'était jamais sûr d'arriver vivant ou entier à sa destination.

Rappelons que les brigands utilisaient cette formule que le cinéma (relatif aux attaques de diligences) aura popularisé : « *la bourse ou la vie* » (11). On sait par ailleurs qu'il est parfois arrivé au Roi de France d'organiser des états généraux. Grâce à ceux-ci, le monarque percevait plus finement encore les craintes et espérances de ses sujets (12).

---

11) « *Il suffit par exemple d'évoquer les méfaits, sous l'époque de la prohibition aux États-Unis, de nombreux gangs, et en particulier de celui d'Al Capone, spécialisés notamment dans la contrebande de boissons alcoolisées ; ou encore les atrocités sous la Révolution française de certains bandits de grands* » (Wilfrid JEANDIDIER, Criminalité et délinquance organisées, Répertoire de droit pénal et de procédure pénale, MAJ de juin 2025).

12) Le roi admettait qu'on lui écrivît individuellement pour solliciter justice ou prébende. La requête alors formulée s'appelait un placet. Aujourd'hui, un service public centralise les correspondances adressées par les populations au président de la République ou à sa femme.

Alors, chaque paroisse mettait des cahiers de doléances à la disposition des fidèles désireux d'y faire mentionner leurs préoccupations (13). La société que l'on y découvre n'était certainement pas rassurante et sécure ; oui, notre vie contemporaine apparaît préférable. En tout cas, les rédacteurs y dénonçaient notamment « *l'immoralité des clercs, la simonie, l'absentéisme des pasteurs, les excès des seigneurs qui augmentent à plaisir les redevances et les corvées, le nombre excessif des officiers qui protègent leurs fidèles au détriment des autres villageois, le danger que font courir aux paysans les troupes de mendiants ou de pauvres circulant par les routes* » (14).

La crainte de ce dernier danger aura fait que pendant des siècles, et jusqu'au (nouveau) Code pénal de 1994, la mendicité et le vagabondage fussent des délits pénalement punissables. Certes, ils étaient progressivement tombés en désuétude. Car l'hostilité d'antan avait cédé sa place à une grande sollicitude (des populations et des autorités) envers ceux que désormais l'on appelle des SDF (c'est-à-dire des Sans Domicile Fixe).

B. – La rançon consécutive à l'enlèvement (au rapt, au kidnapping).

En cette année 2025, dans les chaumières de France, l'on s'est beaucoup ému de la prise en otage d'acteurs de crypto-

---

13) Chacun ne pouvait écrire lui-même ce qu'il souhaitait dire, car peu de gens savaient et écrire sous l'ancien Régime. C'est d'ailleurs, la IIIème République qui aura fait évoluer favorablement les choses en instaurant une école gratuite et obligatoire, en dehors d'être laïque. On songera ici aux lois portées au Parlement par le ministre de l'Instruction publique (Jules Ferry) en 1881 et 1882.

14) Yves DURAND, « ÉTATS GÉNÉRAUX, France », Encyclopædia Universalis [en ligne], http://www.universalis-edu.com/encyclopedie/etats-generaux-france/

monnaies, ou bien de leurs proches. La libération des uns et des autres étant subordonnée au versement d'une rançon (15). En fait, indique un auteur : « *Si les cybercriminels peuvent naturellement cibler les particuliers ayant des crypto-actifs afin de leur dérober, une attaque réussie sur un acteur systémique comme les plateformes d'échange peut quant à elle donner lieu à d'importants butins* » (16). Dans ce monde virtuel des cryptos percuté par la réalité, l'anonymat des ravisseurs peut être percé à jour (17).

Il est tentant de se figurer qu'ainsi retenir des humains en vue d'obtenir de l'argent est nouveau ; en vérité, pas du tout. En 2022, un auteur en faisait remonter la recrudescence à une vingtaine d'années en arrière. Surtout parce que des groupes terroristes entendent s'enrichir en capturant des expatriés en voyage (d'affaires ou de tourisme) dans leurs lointaines contrées. À croire un auteur : « *Que leur issue soit heureuse ou tragique, la doctrine de la France est systématiquement rappelée : elle "ne paye pas de rançon"* » (18). Il faut éviter de répandre l'idée que tout Français à l'étranger serait une source facile d'enrichissement ; comme dirait l'homme de la rue ce serait « *un pousse au crime* ».

---

15) https://www.lemonde.fr/societe/article/2025/05/04/enleve-en-plein-paris-le-pere-d-un-magnat-des-cryptomonnaies-recouvre-la-liberte-apres-un-assaut-policier_6602775_3224.html; https://www.20minutes.fr/faits_divers/4151862-20250505-cryptomonnaies-doigt-coupe-rancon-plusieurs-millions-euros-liberation-complexe-homme-enleve-paris.

16) Jacques MARTINON, Phénomènes criminels célèbres ou exotiques dans le champ des crypto-actifs, Dalloz IP/IT 2019. 534.

17) Rédaction, TÉLÉGRAM sommé de communiquer à FREE les données d'identification et de connexion de l'auteur d'un message de demande de rançon, Légipresse 2025. 72.

18) Bertrand-Léo Combrade, La France face aux enlèvements contre rançon revendiqués par des groupes terroristes, RDP mars 2022, p. 479.

Dans le même ordre d'idées, des contrats d'assurance sont parfois envisagées par les victimes potentielles d'enlèvements. De cette sorte, le paiement de la rançon serait certain. « *Selon l'opinion dominante, cette garantie serait contraire à l'ordre public puisqu'elle inciterait au kidnapping, et donc à la commission d'une infraction pénale, en encourageant les ravisseurs à enlever des personnes assurées* » (19).

Le phénomène est en fait très ancien. Par exemple, dans les années 70, le rapt du baron Ampain avait, par ses rebondissements tragiques, longtemps occupé les journalistes des divers médias (20). Bien plus loin encore, au Moyen-âge, le rapt de puissants par d'autres puissants représentait une activité normale des seigneurs. Des princes et des rois célèbres (par exemple RICHARD CŒUR DE LION) ont ainsi étaient prisonniers de ravisseurs qui entendaient les échanger contre de richesses colossales. De même, Charles V aura originellement institué le Franc comme monnaie pour réunir les sommes devant servir au paiement de la rançon exigée pour la libération de son père. La quiétude ne caractérisait donc pas forcément la vie dans l'ancienne France.

II. – La violence presque gratuite

A. – Les périls issus des guerres mondiales ou non.

De même, les guerres (mondiales ou non) étaient des périodes de grande insécurité où l'on perdait son argent, ses biens, sa

---

19) Pierre-Grégoire MARLY et Alexis VALENÇON, L'assurance du risque cyber, Dalloz IP/IT 2019. 603.

20) https://www.lemonde.fr/blog/moreas/category/affaire-empain/; https://www.ina.fr/ina-eclaire-actu/l-incroyable-enlevement-du-baron-empain.

ISSN 3096-8143

santé, voire sa vie. On y perdait aussi des gens que l'on aimait et/ou qui vous aimaient. Dans son existence sur terre, chaque nouvelle génération vivait au moins une guerre dévastatrice (21).

De sorte qu's'il n'y avait à signaler qu'un seul bienfait de la construction de l'Union européenne, ce serait la paix en Europe occidentale (22). En temps de paix, il y a en France beaucoup moins de zones de non-droit que sous d'autres cieux ou qu'en d'autres temps. On devine aisément que la population est à la merci de criminels en Somalie ou en Lybie, par exemple, puisqu'il n'y a plus d'État. Hélas, il y a du gouvernement, du parlement, etc. (23). Par décence, en France, le concept même de « *territoires perdus de la République* » mériterait une meilleure exégèse. Oui, en France, il y a beaucoup moins de zones de non-droit ; car les autorités publiques pourchassent inlassablement les individus et groupes violents.

Concrètement, nos autorités publiques disposent des moyens (et de la volonté) de pourchasser les individus et groupes violents (24). Au contraire, dans les États faillis les populations vivent

---

21) Entre la France et l'Allemagne (ou la Prusse), il eut une guerre en 1939-45, une autre en 1914-18, une autre encore en 1870 (6 mois).

22) « *La quête d'une Europe en paix parcourt la construction communautaire à la fois dans sa dimension interne et externe ; pas d'Europe en paix dans un monde en guerre. La première participe de l'essence même du projet européen tandis que la seconde est une projection en vue d'un monde plus sûr* » (Didier BLANC, Soixante ans du traité de Rome, Rev. UE 2018. 392).

23) « *La disparition d'un État constitue une question d'importance fondamentale pour l'ordre international* » (Dominique CARREAU, Mort (disparition) de l'État, Répertoire de droit international, Septembre 2010).

24) La volonté des sociétés d'autrefois, qui pratiquaient l'amnistie et la prescription pénale, n'existe plus aujourd'hui. L'élection d'un nouveau président de la République ne donne plus lieu à l'oubli de quantités d'infractions et de leurs peines, en particulier les amendes

sous la coupe d'énergumènes (25). Au fond, une certaine protection individuelle y existait, même si ces entités ne constituaient pas vraiment des États de droit, c'est-à-dire des pays soucieux de se soumettre eux-mêmes au respect des règles de droit qu'ils édictaient.

B. – Les souffrances dues aux attentats et aux émeutes.

Il est normal de redouter les attentats aveugles, tels que la France en aura subi, en 2015, de la part de l'État islamique Daech. En matière d'attentat, l'auteur s'attaque à des personnes et/ou à des biens par visée ou par vision politique. En revanche, les auteurs des infractions de droit commun poursuivent des objectifs individuels et personnels. Tout aussi normal est le besoin d'en rechercher un responsable, peut-être l'État (26).

Pourtant, notre pays a connu des attentats et des actes de terrorisme au fil de l'histoire. On sait par exemple qu'au 19ème siècle, lors du Noël 1800, il eut un attentat raté contre Napoléon Bonaparte (22 morts). Au 20ème siècle, l'on peut en citer beaucoup d'autres.

---

contraventionnelles. S'agissant de la prescription des poursuites, les durées pratiquées depuis des décennies ont été doublées. Des suggestions d'imprescriptibilité se rencontrent même.

25) Par exemple : « *Bien loin d'être reléguée au rang des infractions historiques, la piraterie s'illustre aujourd'hui comme un phénomène en pleine expansion. C'est au large du Golfe d'Aden qu'elle prospère, profitant du vide laissé par la déliquescence des autorités et de l'État somaliens* » (Aurélia LELARGE, La Somalie entre anarchie et piraterie, Journal du droit international (Clunet) n° 2, avril 2010, var. 2).

26) Pauline Parinet, La faute lourde entérinée en matière de prévention des actes terroristes, La Semaine Juridique Administrations et Collectivités territoriales n° 26, 3 Juillet 2017, 2168.

ISSN 3096-8143

D'une part, dans les années 1940-45, d'innocents passants étaient des victimes collatérales de bombes destinées à l'occupant allemand et/ou à ses collaborateurs. Dans les années 60, les nostalgiques belliqueux de l'Algérie française (chapeauté par l'OAS) ont aveuglement tué 71 personnes en France (et 30 fois plus en Algérie). De même, le Général de Gaulle, clairement visé, aura survécu à l'attentat du Petit Clamart en août 1962.

Puis, dans les années 70, le terroriste Carlos et ses comparses ont fait de nombreux morts, notamment dans la communauté juive. Dans les 80, il y aura eu le terroriste d'extrême-gauche (mené par Action Directe). Enfin, dans les années 95-97, l'on aura déploré le terrorisme islamiste du GIA (avec notamment Khaled Kelkal).

Enfin, les organisateurs de frondes contre l'État (Gilets Jaunes et Black Blocs) pourraient se réclamer d'une ascendance révolutionnaire bien antérieure au mandat d'Emmanuel Macron. Pour s'en convaincre, il suffit de se rappeler qu'en 1970 par exemple, la majorité parlementaire soutenant le nouveau président de la République (Georges Pompidou) avait voté une loi « tendant à réprimer certaines formes nouvelles de délinquance » (27).

Étaient particulièrement visées : la séquestration des chefs d'entreprise ; les violences collectives contre les personnes ou contre les biens. Cette législation punitive est restée dans la mémoire des plus âgés sous l'appellation journalistique de loi anticasseurs (28). Toutefois, dès leur arrivée au pouvoir, le

---

27) Loi n° 70-480 du 8 juin 1970 tendant à réprimer certaines formes nouvelles de délinquance.

28) Une législation plus ou moins ressuscitée : Loi n° 2019-290 du 10 avril 2019 visant à renforcer et garantir le maintien de l'ordre public lors des manifestations. Emmanuelle Maupin, L'Assemblée nationale adopte la loi anticasseurs, AJDA 2019. 257.

président Mitterrand et sa majorité parlementaire de Gauche l'abrogèrent ; à la grande satisfaction des professionnels de la manifestation et de la revendication énergique.

Curieusement, des sondages montrent que pour beaucoup de contemporains, le recours à la violence représenterait le meilleur moyen de se faire entendre. Cette conception de la protestation et du règlement des différends gangrène les jeunes générations.

LES RÉPONSES DE L'ETAT AU BESOIN POPULAIRE DE QUIÉTUDE

Clotaire MOULOUNGUI
Maître de conférences hors classe à l'ULCO (académie de Lille)
Ancien Chef du Département Gestion des Entreprises et des Administrations
Responsable de la licence professionnelle Métiers de la Gestion et du Social

Résumé : Les personnes physiques et morales n'ont pas le droit de se faire justice à elle, sauf en de rares cas. Elles doivent normalement s'en remettre aux autorités publiques. Celles-ci édictent des règles permettant la vie harmonieuse en société ; l'État lui-même les respecte en principe. Des structures sont mises en place pour l'identification et la sanction des coupables d'une violation des règles. Ces coupables doivent des dommages-intérêts (intérêts civiles) à leur victime. La carence dans le paiement est susceptible d'être pallié par l'État, qui indemnise donc la victime.

Mots clefs : État de droit, Justice, Prison, Amendes, Emprisonnement, Dommages-intérêts.

Abstract: Individuals and legal entities do not have the right to take the law into their own hands, except in rare cases. They must normally rely on public authorities. These authorities enact rules that allow for harmonious life in society; the state itself generally respects them. Structures are put in place to identify and punish those guilty of violating the rules. These guilty parties owe damages (civil interest) to their victims. Failure to pay can be compensated by the state, which therefore compensates the victim.

ISSN 3096-8143

Keywords: Rule of law, Justice, Prison, Fines, Imprisonment, Damages.

§§§§§§§§§§§§§§§§§§

Introduction

Pour parvenir à assurer aux citoyens une quiétude permanente, l'État est lui-même obligé d'utiliser la force (29). Mais cette utilisation de la violence (physique ou morale) est faite dans l'intérêt général. Il s'agit d'assurer la sécurité de tous, même au moyen de longues années de privation de liberté à l'encontre des auteurs de crimes ou de délits. En clair, la violence étatique a le mérite d'être légitime.

D'ailleurs, cette violence se déploie dans un cadre strict qu'il convient de respecter. Ainsi, une fois qu'ils sont appréhendés, les fauteurs de troubles ne font pas l'objet d'exécutions sommaires par la police ou de lynchages par la population. Par exemple, les membres survivants du groupuscule terroriste qui, avec une camionnette, avait écrasé des touristes (15 tués et 120 estropiés) à Barcelone et à Cambrils (jeudi 17 août 2017), n'auront rien eu à craindre pour leur propre vie. Certes, les médias s'en chargent volontiers (30).

Mais normalement, des procès sont promis aux délinquants. Sauf qu'une difficulté supplémentaire vient de l'âge des délinquants. Il est en effet classique de songer à l'éducation des mineurs délinquants plutôt qu'à leur punition.

---

29) « *L'État doit conserver le monopole de la violence légitime* » (Bruno PY, Amnisties « événementielles", Répertoire de droit pénal et de procédure pénale, Octobre 2020)

30) Félix ROME, Le lynchage était presque parfait... D. 2009. 1193

I. – La mise en place d'institutions et d'organes protecteurs.

A. – La soumission de l'État et des citoyens à des règles.

En France, c'est l'État qui s'occupe du règlement des comptes entre le coupable et la victime. On pourrait dire que la vengeance est déléguée à l'État (31). En vérité, dans une société moderne, il n'y a pas de vengeance à proprement parler. Certes, des mesures sont mises en place pour sanctionner le coupable et pour le faire payer (32).

Mais dans le même temps, l'on se préoccupe de l'absence de récidive de sa part ; ce qui évitera de nouvelles victimes dans l'avenir. La préoccupation profonde des autorités publiques est même que les agissements coupables initiaux ne soient pas commis.

Le Code de la sécurité intérieure s'ouvre par l'affirmation que « La sécurité est un droit fondamental et l'une des conditions de l'exercice des libertés individuelles et collectives ». Encore le doute soit parfois instillé (33).

Le second alinéa de son premier article précise alors que : « L'État a le devoir d'assurer la sécurité en veillant, sur l'ensemble du territoire de la République, à la défense des institutions et des intérêts nationaux, au respect des lois, au maintien de la paix

---

31) Cour de cassation, crim. 13 janvier 2021, La torture, cette politique d'État couverte par l'immunité, AJ pénal 2021. 158 ; Cathy LEBLANC, De l'impunité du Droit ? Les cahiers de la justice 2017. 29.

32) Emmanuelle ALLAIN, Le sentiment d'injustice de la partie civile, AJ pénal 2014. 49.

33) Marc-Antoine GRANGER, Existe-t-il un « droit fondamental à la sécurité » ? RSC 2009. 273.

et de l'ordre publics, à la protection des personnes et des biens » (Article L111-1).

Les agissements individuels ou collectifs qui sont incompatibles avec la vie en société sont qualifiés d'infractions par le Code pénal. Selon leur gravité (ou plutôt selon la gravité de leurs sanctions) on les qualifie de crimes, de délits ou de contraventions (34). Sont notamment des crimes : l'assassinat ; les tortures et actes de barbarie ; le viol ; la traite d'êtres humains, etc.

Curieusement, il est parfois question de crime alors qu'il n'y a peut-être pas de mort ou même de blessé. Il en est ainsi pour les agissements suivants : le trafic de stupéfiants (drogues) ; la fabrication de fausse monnaie ; l'attentat ; le complot ; la trahison ; etc. A l'inverse, le fait de causer la mort d'autrui n'est pas forcément un crime ; il peut en effet seulement s'agir d'un délit. C'est le cas dans l'hypothèse d'un homicide involontaire consécutif à un accident, à une erreur médicale, etc. (35).

Comme autres exemples de délits, l'on peut citer : le vol ; l'escroquerie ; l'extorsion ; l'abus de confiance ; la violation de domicile ; la violation du secret des correspondances ; les menaces ; les agressions sexuels autres que le viol ; le harcèlement moral ; la divulgation d'un secret professionnel ; etc.

Si l'auteur d'un délit ne risque au pire que dix ans d'emprisonnement, celui d'un crime peut parfois craindre une réclusion à perpétuité. A croire la première partie du Code

---

34) Code pénal, article 111-1.

35) Laurent SAENKO, Homicide involontaire et défaut de port d'un harnais de sécurité : quand la faute de la victime n'exclut pas la responsabilité pénale de l'employeur, RTD com. 2025. 207.

pénal, le minimum de privation de liberté en cas de crime c'est quinze années. Mais, en pratique, la Cour d'assises peut faire preuve d'indulgence envers le criminel, et le condamner à une peine faisant alors plutôt penser à un simple délit (< ou = à 10 ans).

B. – Les structures régaliennes aidées par le citoyen.

L'État recrute des individus chargés d'exercer éventuellement la violence contre les personnes physiques (les individus) et les personnes morales (les sociétés, les associations, les syndicats, les fondations, les partis politiques). Encore une fois, une violence exercée dans les règles. Les recrues en question sont les militaires, les policiers, les gendarmes, les gardiens de prison. Alors, des armes, dont certaines sont létales, leur sont remises en vue d'inspirer la crainte. L'idée est qu'il faut pouvoir maîtriser et contraindre les récalcitrants à l'obéissance des règles : « force doit rester à la loi ».

L'usage de la force comprend l'usage des armes à feu, en passant par les gaz lacrymogènes, les coups de matraques, le lâcher de chiens policiers, etc. Le déploiement de force doit rester proportionné aux désordres à circonscrire. Sinon, les policiers commettent une faute ; même si les autorités contestent que l'on parle alors de violences policières (36).

Grâce à leur sang froid, les policiers font rarement usage de leur arme à feu ; même pas contre des manifestants de plus en plus virulents. La peine maximale encourue par chacun de ces récalcitrants est au pire de cinq ans d'emprisonnement et de 75.000 euros d'amende (cas de la détention d'une arme

---

36) Jean-Pierre MARGUÉNAUD, Les violences policières commises par les GIPN, RSC 2020. 731 ; Gabriel THIERRY, Arié ALIMI, des violences policières aux Gilets jaunes, D.A. 7 janvier 2020.

quelconque ou de la dissimulation du visage empêchant l'identification). En revanche, pour le cas de résistance passive et sans arme c'est déjà une amende de 15000 euros et une année d'emprisonnement qui sont encourus (37). À croire un sociologue, « *l'opinion [de droite ?] se révèle plus hostile à une jeunesse «privilégiée », turbulente et perturbatrice de l'ordre établi qui paraît "gangrenée" par les idéologies révolutionnaires* » (38).

En France contemporaine, seul l'État est légitime à utiliser la violence contre les personnes. En cas de meurtre, d'acte de barbarie, de viol, de vol, d'incendie volontaire, de diffamation, d'injure, etc., il faut s'adresser au procureur de la République. Si le dossier paraît sérieux, et qu'il n'y a pas à le classer sans suite, cet avocat de la société essayera d'obtenir de juges indépendants la condamnation de l'auteur apparent des faits.

Dans la grande majorité des cas, l'éventuel pardon ou négligence de la victime n'est pas de nature à faire échapper le coupable de la sanction prévue par le Code pénal pour l'acte commis. L'activisme de la victime (ou de sa famille, en cas de décès ou d'incapacité) s'avère parfois utile pour éviter la prescription des poursuites. En effet, aucune sanction ne peut plus être prononcée si, depuis le dernier acte de procédure, il s'est déjà écoulé un certain délai (39).

---

37) Olivier CAHN, Un État de (la) police, RSC 2019. 975.

38) Paul Gerbod, Note sur la condition matérielle et morale de l'étudiant français, Revue française de sociologie, Vol. 21, No. 2 (avril. - juin, 1980), pp. 251-258, Sciences Po University Press on behalf of the Association Revue Française de Sociologie, https://www.jstor.org/stable/3321110.

39) Désormais 6 ans pour les délits et 20 ans pour les crimes ; Pierre de COMBLES DE NAYVES, Rendre la justice pénale moins imprévisible, AJ pénal 2021. 472

On lit dans une affaire que : « *Dans le volet pénal de l'affaire, le dirigeant de Khrusos, cédant des titres, est renvoyé devant le tribunal pour escroquerie, deux des employés de la Banque de l'Union européenne finance et développement étant eux-mêmes impliqués pour complicité d'escroquerie. Tous seront cependant relaxés pour prescription des faits incriminés* » (40). C'est pourquoi la partie civile (la victime) sollicitera régulièrement des actes (des témoignages, des perquisitions, des expertises, etc.) qui continueront d'alimenter le dossier et repousseront alors la prescription (41).

La recherche des coupables dure parfois des années et coûtent des millions à la collectivité. Car la justice mobilise de nombreux personnels et matériels dans l'espoir de la découverte de la vérité. C'est le cas dans l'affaire de noyade du PETIT GRÉGORY dans la Vologne ou du naufrage du chalutier BUGALED BREIZH au large des côtes britanniques (42).

Il arrive que les parents de victime font mieux que provoquer de nouveaux actes de procédure qui alimentent le dossier (43). Par exemple, le père français d'une adolescente morte en Allemagne a fait enlever le beau-père auteur du crime, de

---

40) Claude CHAMPAUD et Didier DANET, Responsabilité d'une banque conseil dans l'évaluation grossièrement erronée de titres cédés, RTD com. 2002. 681.

41) Rémi LORRAIN, Maxim VOSS, Elio DI SANTOLO et Anselme SEGOND, Dix ans de relaxes au parquet national financier (1er volet), AJ pénal 2025. 129

42) Julie , Affaire Grégory : suite... mais pas fin,D.A. 5 mars 2019 ; https://www.francebleu.fr/emissions/l-invite-actu-de-ici-breizh-izel/naufrage-du-bugaled-breizh-les-familles-sont-toujours-dans-cette-malheureuse-histoire-sans-reponse-9916823;

43) Catherine ROSSI, La croisée des savoirs - Les proches des victimes d'homicide face à la justice : le grand malentendu, Les cahiers de la justice 2014. 441.

façon que la justice française parvienne enfin à le juger (44). Néanmoins, il s'est mis dans l'illégalité, puisqu'un enlèvement est une infraction pénale (un crime passible de la perpétuité). Heureusement, sa peine aura été symbolique (six mois d'emprisonnement avec sursis) car, même il s'est quasiment fait justice à lui-même, il s'est surtout comporté en auxiliaire de la justice.

Au fond, il aurait pu tout bonnement tuer celui qui croyait (à raison) être l'assassin de son enfant (Kalinka Bamberski, 14 ans). Le violeur et assassin (le docteur Dieter Krombach) aura néanmoins été admis à réclamer des dommages-intérêts à l'auteur de son enlèvement à André Bamberski et à ses hommes de main. Sans compter qu'il est sorti prématurément de prison (45). Un film a été tiré de cette douloureuse affaire : « Au nom de ma fille ».

Pour finir, et plus généralement, les autorités incitent les citoyens à les assister. Dans le Far West américain, des affiches (Wanted, mort ou vif) ont parfois fait naître une vocation de chasseur de primes. Si en ces occurrences, l'intervenant se comportant en auxiliaire de justice, il arrive qu'il se comporte plutôt en justicier. D'un autre côté, le statut de donneur d'alerte a été mis en place pour permettre de ne pas avoir à respecter le secret professionnel et de révéler aux autorités des crimes et délits (46). Même un statut de collaborateur (de repenti) est envisagé en faveur des criminels (particulièrement les narcotrafiquants) qui, pour avoir

---

44) Nicolas VERLY, *''Cri d'un père''* et atteinte à la présomption d'innocence, Légipresse 2010. 226.

45) https://www.lemonde.fr/societe/article/2020/02/21/affaire-bamberski-dieter-krombach-libere-de-prison-pour-raison-medicale_6030375_3224.html.

46) Michel BORGETTO, Les lanceurs d'alerte dans la prévention de la maltraitance, RDSS 2024. 367 ; Jacqueline BOUTON, Vers une généralisation du lanceur d'alerte en droit français, Rev. trav. 2014. 471.

dénoncé leurs coauteurs, échapperont à la rigueur complète de la sanction pénale (47).

II. – Des réparations pour les victimes et la collectivité.

A. – La prévision de sanctions contre les coupables.

La seconde partie du Code pénal renferme les contraventions (prévues par le Gouvernement), lesquelles ne sont punis que de faibles amendes. Soit 1500 euros au pire (sauf récidive : le double). Les privations de liberté et les grosses amendes ne peuvent être prévues que par le Parlement, dans la première partie du Code pénal. Selon le Code pénal (art. 131-38), l'amende à payer par une personne morale est le quintuple de celle d'une personne physique.

Problème, cette multiplication par cinq est impossible pour certains crimes. Car le Code ne prévoit parfois que le quantum de privation de liberté contre l'auteur (personne physique), mais nullement l'amende correspondante. Le cas échéant, la somme due à l'État (l'amende) est d'un million d'euros. Pour les délits, l'on rencontre divers montant entre 15.000 € et 1.000.000 €. Ces montants d'amende sont des plafonds que les juges ne doivent jamais dépasser ; bien souvent, ils sont très largement en dessous. D'où l'idée persistante d'une

47) Clarisse SERRE, Qui veut être collabo ? AJ pénal 2025. 335.

instauration de peines plancher, c'est-à-dire un minimum forcément subi par le délinquant (48).

Les individus reconnus coupables de certains crimes ou délits peuvent en outre subir une peine complémentaire, en dehors des peines principales que sont la privation de liberté et l'amende (49). Elle peut consister en : une interdiction de séjour en certains lieux ; expulsion vers le pays d'origine ; une déchéance ; une incapacité ou le retrait d'un droit ; une injonction de soins ou une obligation de faire ; une immobilisation ou une confiscation d'un objet ; une confiscation d'un animal ; une fermeture d'un établissement ou un affichage de la décision prononcée ou une diffusion de celle-ci, soit par la presse écrite, soit par tout moyen de communication au public par voie électronique (50).

B. – La protection des victimes et du coupable.

Pour permettre aux individus victimes d'infractions une indemnisation certaine, l'État a mis en place des structures (des Fonds) auxquels s'adresser. Par exemple, le fonds de garantie automobile vient au secours des victimes des automobilistes sans assurance, et qui ne parviennent pas à assumer l'indemnisation. Par exemple encore, la CIVI (la

---

48) Pierre JANUEL, L'Assemblée débat du retour des peines plancher D.A. 14 février 2023 ; M. LÉNA, De la peine encourue à la peine plancher, D.A. 16 mars 2012.

49) Angéline COSTE, Précisions sur la motivation de la peine complémentaire facultative, D.A. 24 juin 2025.

50) Code pénal, Article 131-10 ; Margaux DOMINATI, Inconstitutionnalité de la peine complémentaire obligatoire d'incapacité professionnelle et élective, D.A. 4 juillet 2024.

Commission d'Indemnisation des Victimes d'Infractions) supplée les criminels et les délinquants insolvables (51).

La question se pose de savoir si l'État pourrait par ailleurs être poursuivi pour faute ; par exemple pour défaillance de surveillance d'individus dangereux. La victime doit alors démontrer plus qu'une simple faute : une faute lourde. En effet : « *La cour administrative d'appel de Marseille confirme ainsi le 4 avril 2017 le maintien de la faute lourde en matière de prévention d'actes de terrorisme, et plus largement en matière de police administrative, en se fondant sur les difficultés particulières inhérentes à l'activité des services de renseignement et sur les moyens et connaissances limités dont disposaient alors ces services pour appréhender et prévenir de nouvelles formes d'attentat terroristes* » (52)..

Certes, le Code de la sécurité intérieure dispose que « *l'État est civilement responsable des dégâts et dommages résultant des crimes et délits commis, à force ouverte ou par violence, par des attroupements ou rassemblements armés ou non armés, soit contre les personnes, soit contre les biens* » (article L211-10).

C'st une responsabilité administrative sans faute (53). Elle se traduit par le versement de dommages-intérêts. Ceux-ci

---

51) Caroline FLEURIOT Commission d'indemnisation des victimes d'infractions : précisions sur la requête, D.A. 19 janvier 2011 ; Nicolas Kilgus, Un militaire blessé en service ne peut saisir la commission d'indemnisation des victimes d'infractions, D.A. 30 avril 2013.

52) Pauline Parinet, La faute lourde entérinée en matière de prévention des actes terroristes, La Semaine Juridique Administrations et Collectivités territoriales n° 26, 3 Juillet 2017, 2168.

53) Conseil d'État, 27 juillet 1990, Responsabilité sans faute de l'État envers les frères et sœurs d'un appelé du contingent décédé en service, Lebon 1990 ; Cour administrative d'appel de Lyon, 13 novembre 2024, Responsabilité sans faute de l'État législateur : une avancée à pas de loup, AJDA 2025. 205.

représentent les sommes et valeurs perdues par les victimes à cause des manifestants. Le maire de chaque commune a en charge la sûreté, la tranquillité et la salubrité dont ses habitants ont besoin. C'est pourquoi la responsabilité civile de la commune peut se trouver engagée quand les mesures nécessaires n'ont pas été prises. Quand l'État a été poursuivi, et qu'il a indemnisé les victimes de la manifestation ou de l'attroupement, la commune lui doit remboursement.

En cas d'erreur judiciaire, c'est d'abord et surtout au Trésor public d'assumer les conséquences financières de la détention indue. La demande correspondante de la victime doit cependant être déposée dans les six mois de la décision qui la réhabilite. Le montant perçu se fixe au regard des souffrances finalement endurées par la requérante (54).

L'État dispose ainsi donc d'une action récursoire contre la commune (article L211-10, alinéa 2). Bien sûr, les individus coupables de ces divers dommages pourront eux aussi subir une action récursoire. Cette action civile en remboursement aura lieu pendant ou parallèlement à un procès pénal dont l'objectif sera l'emprisonnement de ces coupables et leur condamnation à des peines patrimoniales, surtout le paiement d'une amende.

La France (et en particulier la ville de Paris) bat tous les recours mondiaux du nombre de manifestations. Les organisateurs veulent ainsi influencer les autorités politiques, alors poussées à réaliser que leurs décisions ne sont point les bonnes, si tant de gens défilent pour les contester. Ainsi, pour

---

54) Les chefs d'indemnisation concerneront le plan personnel, le plan familial, le plan professionnel et le plan social (Aurélien LEMASSON, Réparation en cas d'illégalité ou d'erreur judiciaire, Répertoire de droit pénal et de procédure pénale, mai 2023).

se donner du poids, les organisateurs avanceront toujours un nombre de manifestants supérieur à celui de la police (gouvernemental). En tous cas, l'idée est que les autorités devraient s'interroger sur la légitimité de leur politique (l'adhésion populaire).

Même si, d'un point de vue légal (résultat de l'élection), leur politique devrait pouvoir s'appliquer. « La loi travail », encore dite loi EL KHOMERI, avait été maintenue malgré le nombre de défilés organisés contre elle au printemps 2016. En automne 2017, le parti de Monsieur Mélenchon (La France insoumise) et la CGT avaient manifesté contre l'ordonnance gouvernementale modifiant à nouveau le Code du travail. Le même activisme s'est déployé contre la Loi Retraite d'ELIZABETH BORNE, mais avec une assise contestataire beaucoup plus large (55). En bonne logique, ces tentatives de démonstrations de l'impopularité des mesures gouvernementales devraient s'effectuer dans le calme.

Malheureusement, de nombreux casseurs intègrent les cortèges et les font dégénérer en manifestations guerrières. D'un point de vue strictement juridique, les organisateurs doivent en répondre (remise en l'état, dommages-intérêts, etc.). Le gouvernement a le droit de se faire rembourser s'il est conduit à indemniser les victimes de leur manifestation (c'est une action récursoire). Aujourd'hui, une pétition contre la loi DUPLOMB (non encore promulguée) réunit contre elle plus de

55) Rémi PELLET, De la réforme des retraites à celle de la Ve République ? Droit social 2023. 645.

deux millions de protecteurs de la santé des abeilles et des humains (56). Et une contre-pétition a vu le jour sur Internet.

Traditionnellement, pour prévenir de tels désordres dans les rues et places, « *sont soumis à l'obligation d'une déclaration préalable tous cortèges, défilés et rassemblements de personnes, et, d'une façon générale, toutes manifestations sur la voie publique* ». S'agissant de réunions dans des locaux fermés, elles doivent normalement être terminées à 23 heures. À moins qu'elles aient lieu dans une localité ou les établissements publics ferment plus tard. Elles peuvent alors se prolonger jusqu'à leur heure réglementaire de fermeture (57). En tous cas, les attroupements appellent une réaction énergique des autorités.

Notons que l'attroupement est tout rassemblement de personnes sur la voie publique ou dans un lieu public susceptible de troubler l'ordre public (58). Il peut être dissipé par la force publique après deux sommations de se disperser restées sans effet (alinéa 2). Pour être régulières, ces sommations doivent remplir deux conditions (59). D'une part, elles doivent avoir été faites par une personne habilitée. À savoir, un officier de police judiciaire, le maire ou un adjoint (sauf à Paris), le représentant de l'État dans le département ou, à Paris, le préfet de police. D'autre part, ces autorités doivent être porteurs des insignes de leur fonction.

---

56) https://www.20minutes.fr/politique/assemblee_nationale/4164915-20250723-petition-contre-loi-duplomb-plus-500-connexions-minute-franceconnect-surchauffe.

57) Loi du 30 juin 1881 sur la liberté de réunion, article 6.

58) Code pénal, Article 431-3, alinéa 1 ; Conseil d'État 30 décembre 2016, Précision sur la notion d'attroupements, Lebon 2016.

59) Code de la sécurité intérieur, article L211-9.

Beaucoup de « *Gilets Jaunes* » n'en tenaient pas compte et auront alors subi des dommages corporels (60). Les manifestants ne doivent pas avoir de doute possible sur l'ordre qui leur serait donné de rentrer tranquillement chez eux (usage de mégaphone). Ces précautions ne peuvent parfois être prises par la police. Le Code de la sécurité intérieur prévoit alors que « *les représentants de la force publique appelés en vue de dissiper un attroupement peuvent faire directement usage de la force si des violences ou voies de fait sont exercées contre eux ou s'ils ne peuvent défendre autrement le terrain qu'ils occupent* ».

Bien souvent, le coupable d'un délit est condamné à une peine d'emprisonnement, et le coupable d'un crime à une peine de réclusion criminelle. Mais pour le commun des mortels cela semble identique. En tous cas, le régime d'exécution de la peine de privation de liberté doit concilier la protection de la société, la sanction du condamné et les intérêts de la victime avec la nécessité de préparer l'insertion ou la réinsertion de la personne détenue afin de lui permettre de mener une vie responsable et de prévenir la commission de nouvelles infractions (61).

Durant sa période d'enfermement, la personne condamnée doit exercer l'une au moins des activités que lui propose l'administration pénitentiaire. Il faut néanmoins que la finalité en soit la réinsertion. Le personnel de la prison doit proposer ces activités en tenant compte de divers critères : son âge, ses capacités, son handicap et sa personnalité (62). En

---

60) Alice DEJEAN DE LA BÂTIE, Militants vs forces de l'ordre : les violences policières sont-elles un sujet d'intérêt général ? Légipresse 2025. 159 ; Thomas LEBRETON, Le traitement pénal des manifestations, AJ pénal 2025. 10.

61) Loi pénitentiaire, article 1 ; Emmanuel DREYER, Le terrorisme : le sens de la peine ? Gaz. Pal. 26 janv. 2016, n° 256c9, p. 43.

62) Loi pénitentiaire, article 27, alinéa 1.

général, lorsque le délinquant ne maîtrise pas les enseignements fondamentaux, l'activité proposée est l'apprentissage de la lecture, de l'écriture et du calcul. Quant à la personne condamnée qui ne maîtrise pas le français, son activité sera en priorité l'apprentissage de cette langue (63).

De l'extérieur, cela peut sembler être un séjour sabbatique et de reconversion, malgré une vie dans un espace confiné et surpeuplé. La France est régulièrement condamnée par la Cour Européenne des Droits de l'Homme (CEDH) pour l'état déplorable de ses prisons (pluralité de personnes dans la même cellule, petitesses des locaux, viols par les autres prisonniers, WC au centre de la pièce commune, présence de rats, rareté des soins d'hygiènes ou de santé, etc. (64).

---

63) Jean-Marc PASTOR, Pour une réforme systémique de la justice, AJDA 2022. 1425 ; Loi pénitentiaire, article 27, alinéa 2.

64) Julien MARGUIN, Le respect de la dignité des conditions de détention : quel avenir pour le service public pénitentiaire ? Revue du droit public, 17 mars 2025 ; Fanny CHARLENT, La dignité des conditions de détention dans un contexte de grève du personnel pénitentiaire, D.A. 16 mai 2024.

L'ADMISSION PARFOIS DE LA JUSTICE À SOI-MÊME

Clotaire MOULOUNGUI
Maître de conférences hors classe à l'ULCO (académie de Lille)
Ancien Chef du Département Gestion des Entreprises et des Administrations
Responsable de la licence professionnelle Métiers de la Gestion et du Social

Résumé : La vengeance privée est interdite : l'on ne saurait se rendre justice à soi-même. Il faut en effet faire appel aux autorités publiques, lesquelles se chargent d'empêcher et/ou de sanctionner les atteintes aux personnes et aux biens. Dans quelques cas cependant, les citoyens ont le droit de se défendre ; notamment en résistant à l'oppression étatique ou en réagissant contre un agresseur. C'est précisément le cas de la légitime défense, ou de l'excuse de provocation. Par ailleurs, le travailleur dispose du droit de se soustraire d'une situation qu'il pense dangereuse pour lui, ou bien désobéir à un ordre qu'il juge illégal. Mais il sera sanctionné si son appréciation du danger ou de l'illégalité était erronée.

Mots clefs : Légitime défense, excuse de provocation, résistance à l'oppression, droit de retrait, ordre illégal.

Abstract: Private revenge is prohibited: one cannot take justice into one's own hands. One must appeal to public authorities, who are responsible for preventing and/or punishing attacks on people and property. In some cases, however, citizens have the right to defend themselves; notably by resisting state oppression or reacting against an aggressor. This is precisely the case with self-defense, or the excuse of provocation. Furthermore, workers have the right to remove themselves from a situation they believe to be dangerous, or to disobey an order they deem illegal. However, they will be punished if their assessment of the danger or illegality was incorrect.

Keywords: Self-defense, excuse of provocation, resistance to oppression, right of withdrawal, illegal order.

§§§§§§§§§§§§§§§§§§

Les sujets de droit (les communes, les services publics, les sociétés, les fondations, les syndicats, les individus, etc.) ne doivent pas se faire justice eux-mêmes (interdiction de la vengeance privée). En cas de litige, il faut s'adresser à la justice de son pays. Les habitants de tout État de droit savent par ailleurs qu'ils doivent obéir aux autorités, dépositaires d'un pouvoir politique ou administratif. Sinon, ils commettraient une infraction à cause de laquelle des sanctions sont susceptibles d'être prononcées à leur encontre (65).

Toutefois, il existe des cas où il est quasiment permis de se rendre justice à soi-même. Il est même par ailleurs autorisé de ne point se soumettre en certaines circonstances. Cela est vrai tant en matière pénale (§ 1.) qu'en matière civile (§ 2).

I. – La justice à soi-même dans la société

A. – La légitimé défense et l'excuse de provocation.

---

65) Rosanne ARIES, Auto-défense : ces avocats qui portent une arme, D.A. 19 septembre 2013.

Le Code **pénal** prévoit au moins **deux hypothèses où l'on peut se faire justice à soi-même.** Le justicier privé devrait subir une sanction pénale ; mais tel ne sera pas le cas s'il invoque à juste titre, et selon le cas, soit **la légitime défense,** soit **l'excuse de provocation.**

Dans la légitime défense, un individu est confronté à une **atteinte injustifiée** envers sa personne ou envers une tierce personne (66). Cet individu ne sera pas pénalement responsable si elle accomplit, dans le même temps, **un acte commandé par la nécessité de sa défense ou de celle d'autrui**. A moins qu'il y ait une **disproportion entre les moyens de défense** qui auront été employés **et la gravité de l'atteinte de l'agresseur**.

La disproportion est certaine si, ayant constaté la présence des propriétaires dans la maison à cambrioler, **le voleur nocturne s'enfuyai**t manifestement. L'expression dans le même temps signifie **immédiatement**, c'est-à-dire au moment même de l'agression. **La légitime défense suppose donc une riposte immédiate et proportionnée à une attaque injustifiée (**67).

Attention : **assommer les policiers** venus vous appréhender **ne saurait relever de la légitime défense,** car leur atteinte sur votre personne est justifiée (en principe). Cela étant, un individu n'est pas punissable lorsqu'il a accompli un acte strictement nécessaire à l'interruption d'un crime ou d'un délit contre un bien. Mais dans cette **défense d'un bien**, il faut également agir avec mesure. Il n'y a **pas légitime défense si**

---

66) Code pénal, art. 122-5.

67) Julie GALLOIS, Légitime défense : proportionnalité de la riposte, D.A. 21 septembre 2015 ; Sébastien FUCINI, Légitime défense des gendarmes : nécessité et proportionnalité, D.A. 25 janvier 2018.

l'on tue le voleur ou le vandale. Ou bien si l'on lui cause un préjudice matériel injustifié (68).

Dans le **discours** écrit ou oral, les **expressions outrageantes**, les **termes de mépris** ou les **invectives** sont considérés par le droit comme prononcés avec **une intention coupable**. Une **sanction** doit pouvoir être infligée à l'auteur, **pour injure** (propos généralistes), voire pour diffamation (imputation d'un fait précis). Le droit est plus sévère encore lorsque la **victime des propos** condamnables est **un fonctionnaire** ou un dépositaire de l'autorité de l'État.

Pour que cet auteur échappe à la **sanction pénale**, il lui faut s'abriter derrière **l'excuse de provocation**. Cette possibilité d'un acte (de la **victime** initiale) qui perdrait son caractère punissable suppose qu'elle soit **accusée d'un fait précis** portant **atteinte à son honneur et à sa considération**. D'où, de sa part, une **riposte immédiate et irréfléchie** à une pareille agression verbale (69).

Rappel : il faut parler de **légitime défense** pour justifier sa réponse physique à une **agression physique**. Dans l'une et l'autre hypothèse, la **condition d'immédiateté** n'est pas réunie par l'individu qui réagit des heures **plus tard** : l'**infraction** est alors **préméditée**. Elle redevient punissable alors que la riposte aurait échappé à la sanction grâce à l'excuse de provocation ou grâce à la légitime défense. De plus, « ***L'excuse** de provocation n'est **admise** par l'article 33 de la loi du 29 juillet 1881 **que pour les injures envers les particuliers*** » (70).

---

68) Claudia GHICA-LEMARCHAND, Le risque de responsabilité pénale des lanceurs d'alerte, RDSS 2024. 400.

69) Loi du 29 juillet 1881, article 33, alinéa 2.

70) Cass. crim., 15 mars 2005.

Dans une affaire, des **jeunes avocats** (réunis dans l'UJA) qui tenaient une **revue sur Internet**, y **ont attaqué** outrancièrement **l'un de leurs collègues** et son syndicat d'avocats (Cosal) **à deux reprises**. En **réaction**, ce dernier a entendu les ridiculiser dans sa propre revue Internet. Sur **une photo représentant des jeunesses hitlériennes**, il a gommé l'inscription d'origine pour la remplacer par le **sigle UJA**. Les intéressés ont alors **saisi la justice**, sur la base de l'article 33, alinéa 2, de la loi 29 juillet 1881 modifiée.

D'après, eux, il y avait **injure publique envers un particulier**. Or, les juges n'ont **pas reconnu** à l'avocat du Cosal **l'excuse de provocation** (et l'ont condamné). D'ailleurs, en interne (dans l'instance représentative des avocats : le barreau), il a subi des sanctions disciplinaires pour manquement à son **devoir de délicatesse dans la relation avec les confrères**, même en présence de polémiques politiques (71).

La violence physique et la bagarre dans l'entreprise sont parfois excusées sur le fondement de la provocation de la victime. Par exemple, un salarié de garage avait donné **une gifle en réponse** à un collègue auteur d'un « ***comportement odieux, insultant**, vexatoire et provocateur* » lequel « *cherchait la bagarre* ». Or, **l'employeur a entendu licencier** le salarié gifleur pour commission d'une **faute grave** de nature à rendre impossible son maintien dans l'entreprise (72).

Les juges ont au contraire dit que la gifle qui, dans d'autres circonstances aurait pu avoir cette qualification juridique,

---

71) Cass.civ.1, 17 février 2011.

72) La violence à l'encontre du travailleur peut constituer un harcèlement coupable. Sylvain NIQUÈGE, Altercations et accident de service : comme un parfum de rigueur, AJFP 2022. 179.

était neutralisée par l'**excuse de provocation**. Dès lors, le **licenciement a été jugé comme étant sans cause réelle et sérieuse** (73). **En revanche**, un agent de production de la société DESCOURS et CABAUD NORD EST a pu être **licencié par faute grave malgré les torts de son adversaire**. En effet, ce dernier avait proféré des **propos racistes** contre lui et avait tenté de le frapper avec une barre de fer. **Sauf que la réaction n'est venue que des jours plus tard.**

De plus, elle a consisté en **un coup de pied au visage** du collègue, lequel s'est vu reconnaître une incapacité totale de travail de huit jours (74). A une **agression verbale**, il vaut mieux **éviter de répondre par des coups** ; la riposte physique sera punie. Mais sans doute la **sanction** judiciaire sera-t-elle **atténuée** du fait de l'agression préalablement subie. Des solutions comparables se retrouvent en matière civile.

B. – La résistance à l'oppression d'autorités

Depuis la Déclaration des Droits de l'Homme et du Citoyen (**DDHC de 1789**), l'on admet la **résistance contre un pouvoir manquant de légitimité, ou agissant dans l'illégalité**. Dans son **article 2**, elle énonce **quatre droits de l'homme** : la liberté, la propriété, la sûreté, et **la résistance à l'oppression** (75).

---

73) Cass. soc., 30 juin 2010.

74) Cass. soc., 7 juillet 2009.

75) Joël MEKHANTAR, Le devoir de résistance du fonctionnaire depuis 1946, AJDA 2004. 1681.

Des kidnappings perpétrés à l'étranger (par des résistants) ont ainsi parfois été excusés par la justice française (76). À l'inverse le risque d'en subir dans son pays, au cas de renvoi dans celui-ci (par exemple à Haïti), aura conduit à des maintiens sur le territoire national (77).

Résister à l'oppression passera peut-être par la **prise des armes contre les autorités**. Mais sans doute faut-il au préalable songer à une **situation de dictature**. Le **Général de Gaulle** a cru se trouver dans cette situation vis-à-vis du Gouvernement du **Maréchal Pétain** qui prônait la **collaboration** pacifique avec les **occupants allemands** de la France (78).

Le problème est que **les autorités** ne se reconnaissent jamais comme dictateurs ou oppresseurs (79). Au contraire, elles **qualifient leurs opposants d'être des terroristes**, des mutins, des factieux, des rebelles. On comprend dès lors que les autorités (de Vichy) aient **condamné le Général de Gaulle à mort, pour** le crime de **trahison** (80). Naturellement, **cette sanction a été levée** lorsque

---

76) Conseil d'État, 21 juin 2022, Pas d'exclusion du statut de réfugié en cas de crime commis dans un but politique, Lebon 15 novembre 2022.

77) Tribunal administratif de Montreuil - 2ème chambre 12 avril 2024 / n° 2310362.

78) Fabrice MELLERAY, Où était l'État français entre 1940 et 1944 ? RFDA 2018. 770.

79) Sauf le président du Salvador, lequel se présente lui-même comme le dictateur le plus cool du monde. Cf.: https://www.tf1.fr/tmc/le-dictateur-le-plus-cool-du-monde; https://www.lepoint.fr/monde/qui-est-nayib-bukele-le-dictateur-cool-du-salvador-17-03-2025-2584909_24.php.

80) https://www.francebleu.fr/infos/societe/il-y-a-80-ans-de-gaulle-etait-condamne-par-un-tribunal-militaire-a-toulouse-1594057908; https://www.radiofrance.fr/franceinter/podcasts/archives-secretes/1940-de-gaulle-condamne-par-contumace-2885217.

l'intéressé a lui-même pris le pouvoir dans le pays, **à la Libération**.

En application de ce principe de résistance à l'oppression, la France promet **l'asile politique aux réfugiés politiques** fuyant la dictature établie dans leur propre pays. Cette promesse est par exemple contenue dans un texte à valeur constitutionnelle. Effectivement, le **préambule de la constitution de 1946** (point n° 4) affirme : « *Tout homme persécuté en raison de son* ***action en faveur de la liberté*** *a droit d'asile sur les territoires de la République* ».

L'Ayatollah Khomeiny a été réfugié en France avant de prendre la place du Shah d'Iran comme chef suprême de leur pays (**l'Iran**). Le problème est que la **dictature laïque** de l'un (le shah) a été **remplacée par la dictature religieuse** de l'autre (l'ayatollah). **Lénine** avait également **vécu en Europe occidentale** avant d'aller mettre en place un gouvernement communiste **censé remplacer la dictature tsariste**. L'idée est que l'on n'est **jamais sûr d'obtenir un gouvernement démocratique** en remplacement du dictateur. Il paraîtrait que **l'on regrette** finalement **Saddam Hussein en Irak** ; tandis qu'en **Lybie**, l'on considère qu'en définitive **la vie sous Kadhafi était meilleure** que sous les islamistes (81).

Dans cet ordre d'idées, les chaînes d'informations nous parlent de **deux pays** (la Turquie et le Venezuela). Même s'ils n'ont **jamais été présentés comme des démocraties**, l'on prétend désormais qu'ils seraient entrain de cesser de l'être. A

---

81) Laurent , Les stratégies sécuritaires américaine et européenne au Maghreb, RMCUE 2008. 298 : « *Certains redoutent que les Islamistes utilisent le processus démocratique afin de parvenir au pouvoir et ainsi de révéler ensuite leur vrai nature* ».

propos de la **Turquie**, le problème s'est précipité à la suite du **massacre d'environ 500 personnes par des militaires voulant prendre le pouvoir** par les armes. Des avions militaires ont ainsi **largué des bombes sur la capitale du pays**, et en particulier sur l'assemblée nationale.

On ne peut donc pas s'étonner de ce que **l'état d'urgence** ait été **proclamé là-bas**, de la **même façon qu'en France** à la suite des attentats (**facilitation des perquisitions, des écoutes et des détentions provisoires**). A la suite de l'échec de leur putsch, **certains comploteurs ont réussi à fuir** vers l'Union européenne, notamment en **Allemagne**.

Question, **fallait-il les reconnaître comme des réfugiés politiques**, et leur accorder l'asile politique, **ou plutôt comme des criminels à renvoyer en Turquie**, ainsi que le voulait le Président de ce pays (Monsieur Recep Tayyip Erdogan) ? Ce qu'il aura quasiment obtenu de nombre de pays européen (82).

Attention, il ne faut **pas confondre** les **réfugiés** politiques **avec** les **immigrants économiques**. En pur droit, **la France ne doit rien à ces derniers**. C'est la **morale**, cette volonté de faire le bien plutôt que le mal, qui amène les autorités à **les aider un peu, avant de les renvoyer**. La Droite et surtout l'Extrême-Droite sont donc dans leur bon droit en suggérant la disparition de ces aides. Encore que comme il se réclame de la chrétienté, ils ont le devoir moral d'aider son prochain.

---

82) « *La Turquie a donné son accord lundi à l'adhésion de la Suède à l'Otan, qu'elle bloquait depuis un an, accusant Stockholm de soutenir les « terroristes » kurdes* » (https://www.ouest-france.fr/monde/turquie/adhesion-de-la-suede-a-lotan-roi-du-chantage-le-president-turc-erdogan-prend-ses-benefices-f4fe92a0-1fe7-11ee-aaa7-17557ce412e6).

ISSN 3096-8143

D'ailleurs, la devise de la République mais en avant la fraternité (83).

II. – La justice à soi-même au travail

A. – Le droit de retrait des travailleurs

Il n'en reste pas moins que la désobéissance (et donc le défaut d'accomplissement de sa tâche) est excusable lorsque le travailleur s'abrite derrière le droit de retrait. L'idée est que s'il continuait son travail, comme si de rien n'était, sa vie, ou sa santé, ou son intégrité physique, en souffrirait. Qu'il se retire de son poste de travail se comprendrait tout aussi bien lorsque c'est un tiers qui se trouverait exposé à un tel risque.

Comme dans le cas de la désobéissance à un ordre direct, celui qui utilise le droit de retrait doit s'assurer qu'il ne se trompe pas. Sinon, il encourt une sanction disciplinaire pour n'avoir pas fait son travail (84). Bien entendu, il y a des cas où l'invocation de ce droit de retrait semble incongrue.

Par exemple, de la part d'un pompier envoyé éteindre un incendie. L'homme de la rue parlerait ici d'abandon de poste ; mais pas le juriste, car des conditions supplémentaires précises doivent exister (pour qu'il s'agisse d'un abandon de poste). Autre cas inimaginable d'utilisation du droit de retrait : le militaire envoyé au front. Son retrait serait alors un délit appelé la désertion. L'instinct de survie du déserteur est régulièrement

83) Jean-Maurice VERDIER, Syndicalisme et fraternité, Droit social 2019. 96 ; Christian Charrière-BOURNAZEL, Le racisme n'est pas une opinion mais un acte violent et délictueux, Légipresse 2012. 694.

84) Conseil d'État, 10 octobre 2024, L'appréciation du droit de retrait d'un agent public, Lebon 2024.

moqué. Heureusement les drogues et alcools savent donne du courage aux combattants (85).

B. – La désobéissance à l'ordre illégale

En France, l'incitation à désobéir se trouve aussi dans le Code de la défense nationale. On peut y lire (art. L4122-1) que « *Les militaires doivent obéissance aux ordres de leurs supérieurs et sont responsables de l'exécution des missions qui leur sont confiées. Toutefois, il ne peut leur être ordonné et ils ne peuvent accomplir des actes qui sont contraires aux lois, aux coutumes de la guerre et aux conventions internationales* ». Un livre (Tuer ou désobéir) présente le dilemme (86).

Les fonctionnaires civils bénéficient quasiment des mêmes règles. Pour commencer, leur devoir d'obéissance est institué par une loi de 1983 sur le statut général de la fonction publique (87). Cependant, ce devoir d'obéissance disparaît dans « *le cas où l'ordre donné est manifestement illégal et de nature à compromettre gravement un intérêt public* ».

Apparemment, le droit pour les militaires de refuser d'obéir est entouré de peu de conditions. Mais l'on pourrait raisonner a fortiori : ce qui est attendu des civils l'est à plus forte raison

---

85) « *Madame Courage ? C'est à la fin des années 1990, alors que l'Algérie sort peu à peu de la guerre civile, que cette expression apparaît. Elle désigne une substance prise par les forces spéciales de l'armée pour trouver la force d'aller au combat contre les maquis islamistes* » (https://www.monde-diplomatique.fr/mav/163/BELKAID/59475). Lukasz KAMIENSKI, Pauline LANDEL et Samira OUARDI, Les drogues et la guerre, Mouvements n° 86, 2016.

86) Eric BURGAUD, Tuer ou désobéir, Le dilemme d'un soldat, L'Harmattan, 2024.

87) C'est à l'article 28. La disposition en question, ainsi que d'autres lois, ont été fondues, en vue de composer ensemble le Code général de la fonction publique.

ISSN 3096-8143

attendu des militaires. Car, sur un champ de bataille, le militaire ne saurait passer chacun des ordres reçus sous le tamis des traités et des codes : son obéissance doit être immédiate pour être efficace (88).

En sens contraire, il se trouve que le militaire effectue des actes généralement irréversibles. Effectivement, quasi-impossible est le retour en arrière : mort d'individus, dévastation de champs, destruction de bâtiments, défoncement de routes, etc. Le choix est difficile entre la nécessité de l'obéissance rapide (avec les dangers de l'irréversibilité) et la pratique de l'obéissance éclairée (avec le problème du retard d'exécution). C'est un dilemme, puisque aucune des deux possibilités du choix n'est complètement défendable (89).

Même pour les civils, la jurisprudence disait déjà que l'insubordination devait être excusée seulement quand l'ordre était à la fois illégal et susceptible de compromettre (de façon irréversible) un intérêt supérieur. Par exemple, le directeur d'un hôpital demande à une infirmière de débrancher le dispositif maintenant un dangereux malfaiteur en vie. Cet ordre est illégal, car toute décision médicale relève du médecin, et que même ce dernier n'a point le droit de condamner un malfaiteur à mort. Au demeurant, cette peine a été abrogée en France en 1981.

Ici, l'intérêt supérieur qui serait compromis est la vie de l'individu en cause. Quant à l'irréversibilité, elle saute aux yeux : une

---

88) François SUREAU, Le militaire dans son droit, N3C 2016, p. 7 : « *Les gouvernants apprécient toujours l'obéissance des militaires, la simplicité de leurs procédures d'emploi en opérations extérieures - par rapport aux comparables occidentaux - la quasi inexistence, malgré une réforme récente, du contrôle parlementaire et l'absence de syndicalisation dans les armées* ».

89) Emmanuelle MARC, Désertion et modalités d'information de l'administration militaire, AJDA 2012. 505.

fois mort, cet individu ne pourra être ramené à la vie. Conclusion, autant mieux ne pas obéir à l'ordre. Toutefois, le fonctionnaire doit obéir dans les cas où les choses ne sont pas simples ; c'est-à-dire les cas où il ne sera pas sûr que les conditions de l'insubordination excusable sont réunies. La raison est que le refus d'obéir à un ordre direct (écrit ou oral) est une faute disciplinaire grave, susceptible d'être sanctionnée par la révocation (90).

Il ne servirait à rien d'avoir une organisation pyramidale (hiérarchisée), si les subordonnés étaient autorisés à discuter tous les ordres qu'ils reçoivent. La machine administrative fonctionnerait encore plus lentement. Dans les entreprises aussi, le principe de subordination du salarié oblige ce dernier à exécuter les ordres directs qu'il reçoit, sous peine de licenciement (91).

---

90) C'est l'appellation du **licenciement** chez les fonctionnaires.
91) Lucie SOURZAT, Les évolutions de la désobéissance légale du fonctionnaire - De la jurisprudence Langneur au lanceur d'alerte, AJFP 2018. 134.

LA JUSTICE À SOI-MÊME EN MATIÈRE CIVILE ET COMMERCIALE

Clotaire MOULOUNGUI
Maître de conférences hors classe à l'ULCO (académie de Lille)
Ancien Chef du Département Gestion des Entreprises et des Administrations
Responsable de la licence professionnelle Métiers de la Gestion et du Social

Résume : Les cocontractants qui ne s'entendent pas sur un ou plusieurs points de leur contrat doivent s'efforcer d'y trouver une solution en commun. Sinon, ils leur font s'adresser à un juge qui les départage en donnant raison à l'un, et tort à l'autre. Aucun des deux ne saurait imposer sa propre solution. Sauf peut-être en utilisant l'un des mécanismes juridiques suivants : la compensation ; l'exception d'inexécution ; le droit de rétention ; la résolution unilatérale ; l'annulation unilatérale.

Mots clefs : compensation ; exception d'inexécution ; droit de rétention ; résolution unilatérale ; annulation unilatérale.

Summary: Contracting parties who cannot agree on one or more points of their contract must endeavor to find a joint solution. Otherwise, they must refer the matter to a judge, who will decide between them, ruling in favor of one and against the other. Neither party may impose their own solution. Except perhaps by using one of the following legal mechanisms: compensation; exception of non-performance; right of retention; unilateral termination; unilateral cancellation.

Keywords: compensation; exception of non-performance; right of retention; unilateral termination; unilateral cancellation.

§§§§§§§§§§§§§§§§§§§

I. – Le refus d'un avantage au cocontractant indolent.

Ce n'est pas seulement en matière pénale qu'une personne peut échapper à la sanction pour s'être fait justice. Tout d'abord, en matière de **droit du travail,** il y a la mise en œuvre du **droit de retrait.** Ensuite, le **droit des contrats** admet qu'un contractant **riposte contre son partenaire sans besoin de saisir la justice.** Notamment, en invoquant **la notion de compensation**, celle d'exception **d'inexécution**, celle de droit de **rétention**, ou celle encore de droit de **résolution unilatérale**. Dans les trois cas, le juge n'intervient qu'en bout de course, au cas où le jugement (unilatéralement) rendu par le particulier lui-même ne conviendrait pas à son partenaire.

A. – La compensation entre dettes réciproques

La compensation est le mécanisme en vertu duquel deux personnes, créancières (et débitrices) l'une de l'autre, voient leurs créances réciproques s'éteindre jusqu'à proportion de la plus faible. Donc, la plus importante des deux subsiste pour le surplus. La compensation joue du moment que le titulaire de la créance la plus forte le décide.

Encore faut-il que les trois conditions du mécanisme soient réunies (dettes d'argent, somme incontestable, délai échu). La formule juridique est celle de « *dettes certaines, liquides et exigibles* ». En l'espèce, l'un bloque la volonté d'action en recouvrement de son adversaire (92).

---

92) Code civil, art. 1347.

B. – L'exception d'inexécution et le droit de rétention.

Pour sa part, **l'exception d'inexécution** est le fait qu'en cas d'**inexécution grave** du contrat, un contractant dont la prestation était dorénavant exigible dispose du droit de ne pas remplir le contrat (93). Dans une affaire, un locataire s'est maintenu dans les lieux, alors qu'il aurait dû les quitter depuis quatre mois. Il justifiait son comportement par l'exceptio non adimpliti contractus (ou exception d'inexécution). En effet, il attendait 200.000 francs de la part de son bailleur.

Mais, la cour d'appel d'Agen lui a donné tort. La raison est que la somme n'était pas due dans le cadre d'un contrat, mais dans celui d'une sentence arbitrale (94). En revanche, s'agissant d'un contrat, il est possible de refuser de s'exécuter, aussi longtemps que le partenaire n'aura pas rempli sa propre part du contrat (95). On supposera que celui qui soulève l'exception d'inexécution devait remplir le contrat en second lieu. Ou bien, que son partenaire est ou sera prochainement dans une situation ne permettant plus de remplir le contrat (96).

Quant au droit de rétention, il est le droit reconnu au détenteur légitime d'un bien du débiteur de ne point le rendre en l'absence de paiement de sa part (97). C'est un droit dont usent essentiellement les créanciers gagistes, les garagistes,

---

93) Patricia HAAS, Proportionnalité, exception d'inexécution et obligation de délivrance, AJDI 2025. 209.

94) CA Agen, 22 mai 2002.

95) Code civil, art. 1219.

96) Code civil, art. 1220.

97) Code civil, art. 2286.

ISSN 3096-8143

les bailleurs, les dépositaires. Depuis une ordonnance du 10 février 2016, le cocontractant victime d'une inexécution grave peut même unilatéralement décide de la résolution du contrat (98).

II. – L'anéantissement de la relation contractuelle décevante

A. – La résolution ou bien la résiliation du contrat

Autrefois, un tel **anéantissement rétroactif** (pour le présent, le passé et le futur) **avait souvent besoin de l'intervention d'un juge** (99). Il n'en reste pas moins que **le bailleur impayé ne saurait pénétrer dans les lieux loués en vue de déloger son locataire** mauvais payeur. Malgré la **résiliation** du contrat de bail, il lui faudra obtenir un acte exécutoire des juges (pour l'expulsion du locataire).

Le cours de **droit des obligations** (**contrats** et **responsabilité**) revient sur ces diverses notions. Mais d'ores et déjà, il faut être capable d'éviter **deux confusions** relativement à la **résolution**. Celle-ci se distingue de la **résiliation**, laquelle concerne la **disparition, pour le futur seulement**, d'un contrat de longue durée (abonnement, bail, contrat de travail, etc.) (100). La demande d'anéantissement s'expliquera par la **violation du contrat** : **retard** dans l'exécution du contrat ;

---

98) Code civil, art. 1224.

99) Hugo BARBIER, La faute du créancier ne le prive pas de son droit de résolution unilatérale du contrat, RTD civ. 2019. 867.

100) Jean-Louis FOURGOUX, La rupture des contrats d'affaires : résiliation et résolution du contrat, AJ Contrats d'affaires - Concurrence – Distribution, AJCA 2016. 127.

mauvaise exécution ou défaut d'exécution. En vérité, pour caractériser la disparition d'un **contrat instantané** (vente, échange, etc.), on utilise bien le terme résolution.

B. – L'annulation unilatérale du contrat mal formé

La notion de résolution se distingue de **l'annulation**, laquelle suppose que l'une des **conditions de validité** du contrat n'a jamais été remplie. Autrement dit, le contrat aura été **nul dès l'origine**. Son **anéantissement** (par le juge) a un effet **rétroactif** : le contrat ne produira pas d'effet pour le passé, pour le présent et pour l'avenir.

Notons pour finir que les contrats signés (convenus, même verbalement) par un mineur ne l'engagent pas en général. Le cocontractant majeur sera valablement tenu à ses obligations contractuelles ; sans pouvoir invoquer l'âge (finalement découvert) de son partenaire. En revanche les représentants légaux de celui-ci pourront toujours mettre fin à ce contrat. Tout au moins s'il n'a pas tourné en faveur du mineur (101). La minorité présente également des avantages en matière pénale.

---

101) Cour de cassation, 1re civ. 11 octobre 2017, La banque n'est pas garante de la gestion des fonds du mineur effectuée par l'administrateur légal, AJ fam. 2017. 645.

LA DÉFINITION DYNAMIQUE DE LA CESSATION DES PAIEMENTS

Kouassi Efrahime N'GUESSAN
Docteur en droit privé et sciences criminelles
Chercheur au CRDP, Université de Lille
Enseignant-chercheur contractuel,
Université de Tours

Résumé : Notion centrale du droit des entreprises en difficulté la cessation des paiements est le point de départ de la mise en œuvre des procédures collectives. Conceptualisée à l'origine par la jurisprudence, elle est aujourd'hui définie par le Code de commerce comme étant l'impossibilité pour le débiteur de faire avec son actif disponible face à son passif exigible. Apparemment simple, cette définition présente encore des contours incertains qui laissent une large place à l'interprétation du juge.

Ainsi, la jurisprudence rejette la définition comptable de l'état de cessation des paiements car il s'agit d'une vision trop figée mais elle ne propose pas, à mon sens, une réelle vision dynamique de la santé financière d'une entreprise. Certes, il y a eu des améliorations (prise en compte de créances à court terme, maintien des réserves de crédit...) mais il me semble qu'on pourrait aller plus loin et proposer une définition financière. En effet, certains auteurs estiment, par exemple, qu'il y a état de cessation des paiements lorsqu'il n'y a plus adéquation durable entre les fonds de roulement et les besoins en fonds de roulement.

Ainsi, il paraît nécessaire d'intégrer à la définition de la cessation des paiements donnée par l'article L.631-1 du Code de commerce des éléments permettant un diagnostic financier de l'état réel de l'entreprise. Ces éléments devraient faciliter l'analyse financière de l'entreprise dont le but est de mesurer la rentabilité économique de l'entreprise et la rentabilité financière des capitaux, d'apprécier les équilibres de la structure financière, de constater son évolution et de formuler un diagnostic.

Cette réécriture de l'article L.631-1 du Code de commerce devra être complétée par l'élaboration d'un critérium de détermination de la cessation des paiements à partir d'une analyse financière statique de la structure financière ou dynamique de la situation de l'entreprise.

Abstract :

Central notion of the law of companies in difficulty the cessation of payments is the starting point for the implementation of collective procedures. Originally conceptualized by case law, it is now defined by the commercial code as being the impossibility for the debtor to make do with his available assets in the face his payable liabilities. Apparently simple, this definition still presents uncertain contours that leave a judge's discretion. Thus, the case law rejects the accounting definition of the state of cessation of payments because it is too rigid a vision, but it does not, in my opinion, offer a real dynamic vision of the financial health of a company. Admittedly, there have been improvements (taking short-terms receivables into account, maintaining credit reserves, etc.), but it seems to me tha we could go further and propose a financial definition.

Indeed, some authors believe, for example, that there is a state of cessation of payments when there is no longer a lasting match between working capital and working capital requirements.

Thus, it is necessary to include in the definition of cessation of payments given by article L.631-1 of the commercial code elements allowing a financial diagnosis of the real state of the company. These elements should facilitate the financial analysis of the company, the aim of which is to measure the economic profitability of the company and the financial profitability of the capital, to assess the balances of the financial structure, to note its evolution, and to formulate a diagnostic.

This rewriting of article L.631-1 of the commercial code will have to be supplemented by the development of a criterion for determining the cessation of payments based on a static financial analysis of the financial structure or dynamic of the situation of the company.

Mots clés : Cessation de paiement, faillite, liquidation, passif, actif, exigible, bilan, compte de résultats

§§§§§§§§§§§§§§§§§§§§§§§

Introduction

En droit français, une entreprise qui ne peut plus faire face à ses dettes est placée par ses dirigeants en procédure collective[102] en constatant sa cessation des paiements. En effet, la cessation de paiement est une notion spécifique au droit des

[102] Françoise AUDRIEUX, présentation des procédures collectives 16-11-2020 ; https://www.uihj.com/wp-content/uploads/2020/12/PRESENTATION-Fran%C3%A7oise-Andrieux-16-11-2020.pdf

entreprises en difficulté, lesquelles difficultés baisse d'activité, résultats négatifs, délais de paiement, notamment, sans être la cessation des paiements sont des indicateurs de l'état de santé de l'entreprise.

La définition aujourd'hui légale de la cessation des paiements est empruntée à la jurisprudence de la Cour de Cassation qui remonte à 1978[103]. Conceptualisée à l'origine par la jurisprudence cette définition fondée sur une approche comptable laisse une large place de manœuvre à l'appréciation subjective du juge parfois en décalage avec la réalité économique.

A. – Définition imprécise de l'état de cessation des paiements

La **cessation des paiements** constitue une **notion clé des procédures collectives** : son constat et sa déclaration en déclenchent l'ouverture. La cessation des paiements correspond à un état d'illiquidité (impossibilité momentanée de faire face au passif exigible avec l'actif disponible), alors que la faillite correspond à un état d'insolvabilité (impossibilité permanente) de faire face à tout le passif (échu et non échu) avec tout l'actif (disponible et illiquide).

La cessation des paiements est donc le statut juridique d'une entité (personne morale) qui ne peut pas rembourser ses dettes parvenues à échéances (passif exigible) avec ses liquidités (actif disponible).

[103] Cass. Com., 14 février 1978

1. – Le passif exigible

En effet, le passif exigible correspond au passif échu et rendu exigible du fait de la rupture du concours bancaire ou du raccourcissement du délai consenti par le fournisseur. Il renvoie dès lors aux dettes de l'entreprise dont le paiement doit intervenir immédiatement[104].

Aussi, le montant d'un prêt bancaire dont le terme n'est pas parvenu à échéance n'est pas inclus dans le passif exigible. En clair, il s'agit de dettes que le débiteur est tenu de payer au jour où sa situation est examinée.

La jurisprudence a pu alors déterminer les caractères des dettes échues. Celles-ci doivent donc être certaines, liquides et exigibles.

Les dettes doivent être certaines c'est-à-dire que leur existence est incontestable, donc définitivement fixée par la justice[105]. Par exemple, une créance litigieuse ne doit pas être prise en compte dans le passif exigible de l'entreprise débitrice pour caractériser son état de cessation des paiements[106]. Il en résulte que la créance doit être déterminée dans son principe et dans son montant.

---

[104] Y. Chaput, Règlement amiable et cessation des paiements, Les innovations de la loi sur le redressement judiciaire : RTD com., n° spéc. 1986, p. 24. – M. Menjucq, B. Saintourens et B. Soinne (dir.), Traité des procédures collectives : LexisNexis, 3e éd., 2021, n° 275 ;

[105] Cass. com., 22 févr. 1994 : Bull. civ. IV, n° 75 ; JCP E 1994, I 394, obs. Pétel P. ; CA Paris, 17 sept. 1996 : Rev. proc. coll. 1997, comm. 14, obs. Calendini J.-M. – CA Rennes, 30 sept. 1998, et CA Paris, 2 juill. 1999 : Rev. proc. coll. 2000, comm. 10, obs. Deleneuville J.-M.

[106] Cass. com., 25 nov. 2008, n° 07-20972 : BRDA 1/09, n° 9 ; D. 2008, AJ, p. 17 ; Gaz. Pal. proc. coll. 2009, p. 15, obs. Lebel C., censure de l'arrêt de la cour d'appel, pour atteinte aux dispositions de l'article L 631-1 du Code de commerce.

Ainsi, une créance fixée par une décision de justice même assortie d'exécution provisoire dont l'appel reste pendant au jour d'appréciation de l'état de cessation des paiements ne peut relever du passif exigible puisqu'incertaine[107].

Afin d'entrer dans la sphère du passif exigible, les créances doivent également être liquides, c'est-à-dire dont la valeur est déterminée ou déterminable[108].

La dette liquide est donc celle qui peut, soit être évaluée en argent, soit résulter d'un titre qui contient tous les éléments permettant son évaluation. À défaut, le débiteur ne saurait se voir reprocher de ne pas s'être acquitté de la dette du fait qu'il ne sait pas de combien il se trouve redevable.

Enfin, le terme des créances doit être échu et cela même si les tiers créanciers n'ont fait aucune réclamation. La jurisprudence est venue préciser qu'une créance fiscale, ayant fait l'objet d'un titre exécutoire, entre dans le passif exigible de l'entreprise afin de vérifier si elle se trouve en état de cessation des paiements[109].

Mais le créancier qui assigne son débiteur en redressement judiciaire n'a pas à justifier d'un titre exécutoire, dès lors que sa créance est certaine, liquide et exigible[110].

Toutefois, si le débiteur a bénéficié d'un report d'échéance, notamment à l'occasion d'une conciliation, sa dette cesse d'être exigible[111].

---

[107] Cass. Com. 2 mars 2022 n° 20-22. 021, inédit.

[108] L. n° 91-650, 9 juill. 1991, art. 4.

[109] Cass. Com. 11 avril 2018 n° 16-23. 019.

[110] Cass. Com. 28 juin 2017 n° 16-10.025, publié au Bulletin.

[111] Cass. com., 14 mai 2002, n° 952 FS-P, Banque nationale de Paris (BNP) c/ Sté Icolo France : RJDA 10/02, n° 1046.

ISSN 3096-8143

2. – L’actif disponible

La notion d'« *actif disponible* » représente l’actif réalisable à bref délai, c’est-à-dire les sommes dont l'entreprise peut disposer sans délai, les sommes immédiatement mobilisables telles que les espèces détenues en caisse, les dépôts sur compte bancaire, les effets de commerce à vue et la réserve de crédit bancaire[112].

En revanche, les immobilisations corporelles ou incorporelles, telles que les stocks et les créances détenues sur les clients de l'entreprise ne font pas partie de l'actif disponible[113]. L'actif disponible est ainsi constitué de la trésorerie actuelle et potentielle (réserve de crédit) de l'entreprise. De même, le montant d’une créance à recouvrer constitue un actif disponible si la créance est certaine et si elle peut être encaissée rapidement[114].

Par contre, l’article L. 631-1 du Code de commerce précise que le capital social non libéré est une créance de la société contre ses associés, qui ne peut être assimilé à un actif disponible ou à une réserve.[115]

[112] Cass. Com. 7 février 2018 n°16-26.404, inédit.

[113] Cass. com., 12 mai 2009, n° 08-1741 : BRDA 11/09, n° 10 ; RJDA 10/09, n° 867 ; Gaz. Pal. proc. coll. 2009, n° 3, p. 12, obs. Lebel C. ;Rev. proc. coll. 2009, comm. 104, obs. Saintourens B. – en ce sens, Cass. com., 16 nov. 2010, n° 09-71278 : Lettre omnidroit 2010,p. 6 ; D. 2010, p. 2830, obs. Lienhard A. ; D. 2010, p. 2073, obs. Le Corre P.-M. et Lucas F.-X. ; BJS mars 2011, n° 112, p. 207, note Mouial-Bassilana E., avance de trésorerie qui n’est pas bloquée ou dont le remboursement n’a pas été demandé.

[114] Cass. com., 7 févr. 2012, n° 11-11347 : Lexbase hebdo 2012, éd. affaires n° 290, note Gibirila D. ; JCP E 2012, n° 26, 1214, note Lebel C.

[115] Cass. com., 23 avr. 2013, n° 12-18453 : BRDA 9/2013, n° 10 ; Lexbase hebdo 2013, éd. affaires n°341, note Lebel C. ; BJS juin 2013,n° 193, p. 414, note Mouial-Bassilana E.

Enfin, il ne faut surtout pas confondre l'actif disponible et l'actif circulant qui contient également les stocks et les créances sur la clientèle[116]. Mais lorsque la provision est garantie un chèque est pris en compte au titre de l'actif disponible[117]ainsi que le prix de vente d'un immeuble séquestré chez un notaire[118].

La perception de la cessation des paiements au regard de l'actif disponible présente donc un caractère restrictif puisqu'elle ne permet pas de prendre en considération les perspectives financières de l'entreprise en difficulté. La Cour de cassation a ainsi décidé que l'existence d'une garantie à première demande consentie au profit du créancier poursuivant ne pouvait influer sur la caractérisation de l'état de cessation des paiements du débiteur[119].

3. – L'impossibilité de faire face

L'expression « *l'impossibilité de faire face* » ne semble pas avoir de signification technique précise : la cessation des paiements résulte du simple fait pour le débiteur de ne pas s'acquitter de ses dettes. Il n'y a donc pas lieu de s'interroger sur le caractère intentionnel ou non de cette attitude du débiteur[120].

---

[116] CA Riom, ch. com., 4 févr. 2004, n° 03-436, SARL Le Donjon distribution c/ SAS Distribution Casino France, BRDA 2/05, n° 9 ; Rev.proc. coll. 2004, obs. Lebel C.

[117] Cass. Com. 17 novembre 2021 n° 20-17.547, inédit.

[118] Cass. Com. 5 décembre 2018 n° 17-20.065, publié au Bulletin.

[119] Cass. com., 26 juin 1990, n° 89-10373 : Bull. civ. IV, n° 194 ; RJ com. 1990, p. 3, note Calendini J.-M. ; D. 1991, p. 574, note Morvan P. ;D. 1994, Somm., p. 2, obs. Derrida F. ; JCP E 1991, I 44, obs. Petel P.

[120] Cass. com., 25 févr. 1997, n° 95-18607 : RJDA 97, n° 835 ; LPA 11 mai 1998, p. 11, obs. Gibirila D. – CA Dijon, 19 févr. 2009 : Rev. proc.coll. 2009, comm. 3, obs. Lebel C., selon lequel le refus de payer des cotisations sociales en raison d'un mot d'ordre syndical est distinct de la cessation des

Ainsi, la cessation des paiements résulte de la comparaison entre le « *passif exigible* » et l'« *actif disponible* », la comparaison des éléments du bilan n'étant pas de nature à établir l'existence de cette défaillance financière. La jurisprudence retient que la cessation des paiements est caractérisée par l'absence de trésorerie nécessaire à l'apurement de la dette[121]; elle n'est pas établie par une simple insuffisance d'actif. Il en découle pour le juge du fond la responsabilité de caractériser l'impossibilité pour l'entreprise de faire face à son passif exigible avec l'actif disponible. Ainsi, même une très légère supériorité du passif exigible peut suffire à caractériser la cessation des paiements[122]. De même, la jurisprudence admet que l'impossibilité de faire face ne peut être palliée par des offres de paiement partiel ; la cessation des paiements est caractérisée dès lors que le passif exigible ne peut être payé quels que soient les efforts du débiteur, dès lors qu'il ne peut y faire face complètement[123].

Enfin, l'impossibilité pour le débiteur de faire face à ses engagements n'est pas considérée comme exclusive de l'obtention de délais de paiement ou d'un moratoire de ses créanciers.

---

paiements ; v. aussi, CA Angers, 17 mars 2009 : RD rur. 2009, comm. 161, obs. Lebel C., à propos d'exploitants agricoles.

121 Cass. com., 20 janv. 1998, Procédures 1988, comm. 88 ; Cass. com., 25 nov. 2008, n° 07-20.972, préc., note 31, pour qui la cessation des paiements se trouve caractérisée quand la cour d'appel relève l'existence d'une créance exigible et constate l'absence d'actif disponible du débiteur.

122 Passif exigible de 264 304,82 F – actif disponible de 224 526,65 F *: Cass. com., 30 nov. 1993, n° 90-11.958 , cité par M. Menjucq, B. Saintourens et B. Soinne (dir.),* in *Traité des procédures collectives : LexisNexis, 3e éd., 2021, n° 278, note81*

123 CA Pau, 7 févr.1989 : Rev. proc. coll. 1990, p. 139 , obs. J.-M. Calendini : JurisData n° 1989-040894

B. – Critique de l'appréciation jurisprudentielle de l'état de cessation des paiements

L'imprécision de la définition a favorisé une foisonnante production jurisprudentielle d'indications permettant d'apprécier l'état de cessation des paiements d'une entreprise (1). Dans ses différentes sollicitations le juge remet en cause la définition comptable de la cessation des paiements jugée moins dynamique car le compte de résultats est imprécis et moins fiable d'une part et d'autre part, parce que le bilan ne permet pas aussi d'appréhender les délais de la cessation des paiements (2).

1. – La foisonnante production jurisprudentielle

La jurisprudence a pu retenir en ce sens que plusieurs absences de paiement d'une seule créance[124], ou de l'absence de plusieurs paiements de différentes créances quel que soit son montant, est donc susceptible de provoquer un redressement judiciaire. La cessation des paiements est caractérisée au jour où le premier défaut de paiement intervient. Dans ce cas, la jurisprudence reconnaît la cessation des paiements d'une entreprise dès lors qu'une seule créance fait l'objet d'un défaut de paiement.

Par un arrêt du 28 avril 1998, la Cour de cassation rejette le pourvoi formé par le liquidateur. Au soutien de sa décision elle affirme que « *le passif à prendre en considération pour caractériser l'état de cessation des paiements est le passif*

---

[124] Cass. com., 8 mars 1994 : Bull. civ. IV, n° 102, qui retient l'état de cessation des paiements en présence d'une seule dette – CA Riom,12 juill. 2006 : Gaz. Pal. proc. coll. 2007, n° 1, p. 21, obs. Lebel C., selon lequel la cessation des paiements est le critère d'ouverture d'un redressement judiciaire et le montant des revenus mensuels du professionnel est indifférent.

exigible et exigé, dès lors que le créancier est libre de faire crédit au débiteur ».

Ainsi, pour la Cour de cassation, dès lors que la dette n'est pas réclamée par le créancier au débiteur, quand bien même elle serait exigible, elle ne permet pas de faire constater l'état de cessation des paiements alors même que l'article L.631-1 ne prévoit pas cette autre condition.

Mais ce critère « *passif exigé* » vient d'être abandonné par la Chambre commerciale. Dans cette décision la Cour de cassation décide que « *lorsque le débiteur n'allègue pas devant la cour d'appel qu'il bénéficie d'un moratoire de la part de ses créanciers et ne fait valoir aucune contestation relative au montant ou aux caractéristiques de son passif, la cour d'appel peut décider que le passif est exigible, même s'il n'est pas exigé* »[125].

2. – L'intervention du législateur

Face à l'imprécision de la définition jurisprudentielle de la cessation des paiements, le législateur a opté pour une conception de la cessation des paiements fondée sur le bilan. Ainsi, la cessation des paiements est constatée lorsque le débiteur est dans *« l'impossibilité de faire face au passif exigible avec son actif disponible »*[126].

En effet, le bilan est un document comptable qui recense les éléments du patrimoine du débiteur dans ses composantes d'actifs (les biens et les créances du débiteur) et de passifs (les dettes du débiteur). Le bilan permet de récapituler l'ensemble

---

[125] Cass. Com., 27 février 2007 n° 06-10.170 (n° 382 F-P+B+R) ; Recueil Dalloz 2007 p. 872.

[126] CA Bourges, 1re ch., 8 avr. 1991 : JurisData n° 1991-045719. – CA Orléans, ch. civ., sect. 1, 11 sept. 1991 : JurisData n° 1991-045632.

de l'actif et du passif alors que le compte de résultat n'appréciait que des variations.

Le débiteur qui constate qu'il se trouve en état de cessation de paiement doit effectuer une déclaration de cessation de paiement auprès du tribunal de commerce ou du tribunal judiciaire[127], afin de déclencher une procédure de redressement ou de liquidation judiciaire.

Dans la plupart des juridictions, la cessation de paiements est imposée par une ordonnance du tribunal, souvent à la diligence du débiteur lorsque l'état de cessation de paiement est caractérisé depuis moins de 45 jours[128]et lorsque le débiteur n'a pas opté pour une procédure de conciliation dans ce délai.

Lorsque le débiteur est défaillant, la loi permet au créancier diligent qui rapporte la preuve de la cessation des paiements ou au parquet d'initier la procédure[129]. Saisis, d'une demande de cessation des paiements c'est donc aux juges du fond qu'il revient d'apprécier l'état de cessation des paiements, sous le contrôle de la cour de cassation[130].

Dès lors, la notion de cessation des paiements reste la pierre angulaire du droit des entreprises en difficulté. Si au fil des réformes le législateur s'est efforcé de mieux définir l'état de

---

127 Avant le 1er janvier 2020 la procédure relevait en matière civile de la compétence du TGI.

128 Article L.611-4 du Code de commerce.

129 Cass. Com. 23 septembre 2020 n° 18-26.143 inédit.

130 Cour de cassation, civile, Chambre commerciale, 24 mars 2021, 19-23.254, Inédit.

cessation des paiements[131], force est de constater que le résultat reste encore perfectible à bien des égards.

Cette situation laisse une large part de manœuvre à la jurisprudence qui s'efforce de combler les lacunes des textes. Dans cette entreprise souvent empreinte de subjectivité la jurisprudence rejette la définition comptable de l'état de cessation des paiements car il s'agit d'une vision trop figée mais elle ne propose pas, à mon sens, une réelle vision dynamique de la santé financière d'une entreprise.

Mais cela n'aboutit guère qu'à semer la confusion dans l'esprit des chefs d'entreprises et à complexifier la tâche des juges ordonnant l'ouverture des procédures[132]. Dans ce sens, certains auteurs estiment, par exemple, qu'il y a état de cessation des paiements lorsqu'il n'y a plus adéquation durable entre les fonds de roulement et les besoins en fonds de roulement.

Il y a donc nécessité de réécrire la loi en y intégrant une réelle vision dynamique de la santé financière de l'entreprise afin de circonscrire réellement la situation de l'entreprise traversant des difficultés.

Face à ce constat, il nous paraît alors judicieux dans un premier temps de proposer une définition légale dynamique de la santé

---

[131] Particulièrement la loi n° 2005-845 du 26 juillet 2005, l'ordonnance n° 2008-1345 du 18 décembre 2008.

[132] Romain FEYDEL : « La cessation des paiements, une complexité à combattre par la loi », 26/12/2019 ; https://www.actu-juridique.fr/affaires/entreprises-en-difficulte/la-cessation-des-paiements-une-complexite-a-combattre-par-la-loi/#:~:text=La%20cessation%20des%20paiements%2C%20une%20complexit%C3%A9%20%C3%A0%20combattre%20par%20la%20loi,-Publi%C3%A9%20le%2026&text=1.&text=M%C3%AAme%20si%20cela%20fait%20moins,pratique%20puisque%20l'article%20L.

financière d'une entreprise (I) tout en précisant son utilité pratique **(II).**

I. – Proposition de définition dynamique

L'analyse de la définition de la cessation de paiements définie par la loi de 1985 et la pratique jurisprudentielle ont permis de mettre en évidence deux caractéristiques : une apparente objectivité de la définition et une appréciation subjective et relative de celle-ci.

A travers cet exercice, nous essayerons de proposer une définition plus dynamique en considération de la situation financière du débiteur (A) qui sera complétée par un criterium de détermination objective de cette situation (B) afin de bien distinguer l'état de cessation des paiements de biens de situations avec lesquelles on peut facilement la confondre.

A. – Réécriture de l'article L631-1 du Code de commerce

De notre point de vue, une réécriture de l'article L.631-1 du Code de commerce est plus que jamais nécessaire. La proposition suggère d'intégrer à la définition de la cessation des paiements des éléments permettant un diagnostic financier de l'état réel de l'entreprise. Ces éléments devraient faciliter l'analyse financière de l'entreprise dont le but est de mesurer la rentabilité économique de l'entreprise et la rentabilité financière des capitaux, d'apprécier les équilibres de la structure financière, de constater son évolution et de formuler un diagnostic.

C'est en suivant cette démarche que les États-Unis ont défini les conditions de réalisation d'une cessation de paiements. Ainsi, il y a cessation des paiements lorsque la valeur marchande des actifs, après avoir déduit le coût de la faillite et de la liquidation est inférieure à la valeur des engagements totaux dus aux clients[133].

Une étude de la Chambre de commerce et d'industrie de Paris du 4 février 1999 sur la réforme du droit des entreprises en difficulté, élaborée au nom de la commission juridique par M. Jean Courtière propose également d'assouplir la notion d'« actif » pris en compte pour la caractérisation de la cessation des paiements.

Elle estime que « *la notion d'actif disponible, aujourd'hui visée par la loi, est trop restrictive : elle occulte le reste des actifs circulants qui pourraient néanmoins être mobilisés rapidement par le débiteur pour faire face au passif (exemple, stocks et créances clients). La cessation des paiements devrait donc être caractérisée lorsque l'entreprise ne peut, avec son actif circulant, faire face à son passif exigible et exigé* ».

Au regard de ces observations, le texte ne peut plus se limiter à cette considération que la cessation des paiements consiste à ne pas pouvoir payer le passif exigible avec l'actif disponible. Il ne peut pas non plus exclure la cessation des paiements dans une seule situation donnée comme c'est le cas lorsqu'il précise que « *le débiteur qui établit que les réserves de crédit ou les moratoires dont il bénéficie de la part de ses créanciers lui permettent de faire face au passif exigible avec son actif disponible n'est pas en cessation des paiements* »[134].

Le premier alinéa de cet article devrait être réécrit en définissant précisément les notions d'actif disponible et de passif exigible.

---

[133] Daniel VALENTIN, Le particularisme de la cessation des paiements dans les établissements de crédits, Mémoire DEA droit des affaires, URS de Strasbourg, 2001-2002, P 32.

[134] Aticle L.631-1 du Code de commerce.

On énoncerait alors les différents éléments de l'actif disponible en deux groupes : l'actif liquide et l'actif circulant et mobilisable, ainsi que leur contenu précis.

L'actif liquide serait donc les éléments définis par la jurisprudence prenant en compte (les disponibilités en banque utilisables immédiatement, les sommes en caisse, les effets de commerce à vue, les concours bancaires utilisables eux aussi dans l'immédiat ainsi que les moratoires accordés par les créanciers).

Quant à l'actif circulant-mobilisable, il se rapporterait aux effets de commerce escomptables, les valeurs mobilières cotées réalisables immédiatement. Il serait précisé que le caractère immédiat des éléments d'actifs disponibles (liquide et circulant-mobilisable) s'entendrait également comme disponible à très court terme, c'est-à-dire sous 7 jours.

En effet, c'est dans ce sens que certains économistes précisent que la liquidité de l'entreprise traduit sa capacité à payer ses dettes à court terme devenues exigibles. De plus, les ratios traduisant la liquidité de l'entreprise (ratio de liquidité générale, ratio de liquidité immédiate, etc.) reposent sur l'idée selon laquelle les actifs courants de l'entreprise produisent le *cash* qui lui permet de payer ses passifs courants[135].

Dans le même sens, il devrait être précisé aussi dans ce même premier alinéa de l'article L. 631-1 que le passif exigible est le « *passif exigé* »[136] et que celui-ci se compose des différentes

---

135 HENSHER, D A., Jones S., William H. Greene W H. (2007), *An Error Component Logit Analysis of Corporate Bankruptcy and Insolvency Risk in Australia*, The Economic Record, 83, 86-103.

136 La législation applicable en matière de prévention et de traitement des difficultés des entreprises (senat.fr) ; https://www.senat.fr/rap/r01-120/r01-120.html.- Cass. Com. 28 avril 1998 n° 95-21.969, inédit.

dettes de l'entreprise dont le paiement doit intervenir à très court terme (sous 7 jours).

Il serait précisé en outre que celles-ci doivent être certaines, c'est-à-dire dont l'existence est incontestable et non contestée. Également, il serait inscrit que les créances doivent être liquides, c'est-à-dire dont la valeur est déterminée ou déterminable ; que leur terme doit être échu et réclamées.

Finalement, comme le suggère Daniel Valentin, il faudrait préciser que la comparaison actif disponible/passif exigible « exigé » ne sera réalisée qu'au jour de l'audience. Avec de telles dispositions, la définition de la notion de cessation des paiements serait régie précisément par la loi[137]. Mais la réécriture de l'article ne se suffira pas à lui-même…

B. – Critère d'appréciation de la situation financière

La réécriture suggérée ci-dessus n'élude pas la nécessité de définir un critérium de l'état de cessation des paiements dans les textes. Ainsi, un nouveau second alinéa de l'article L. 631-1 du Code de commerce pourrait fournir des critères financiers précis d'un état actuel de cessation des paiements pour une entreprise. L'actuel deuxième alinéa deviendrait donc le troisième et resterait inchangé.

Ce critérium permettrait de procéder à une réelle appréciation de la situation financière et dynamique de l'état de cessation des paiements fondée à la fois sur une analyse statique de la structure du bilan et une analyse dynamique.

L'appréciation de la cessation des paiements par le juge doit alors se fonder sur des analyses financières portant notamment, sur

---

[137] Daniel VALENTIN, Le particularisme de la cessation des paiements dans les établissements de crédits, Mémoire DEA droit des affaires, URS de Strasbourg, 2001-2002, P.31.

la rentabilité ou les pertes, le poids des frais financiers, la capacité de remboursement, la composition du passif de l'entreprise.

Mais elle repose aussi sur le refus des créanciers actuels ou susceptibles de le devenir, de contribuer à un nouveau financement, voire simplement d'accorder un moratoire révélant ainsi que l'entreprise n'est plus considérée, dans sa forme présente et par son environnement économique, comme une activité viable[138].

Deux types d'analyses permettent de rendre compte de la situation financière réelle de l'entreprise. Il peut s'agir d'une analyse statique de la structure du bilan, d'une part, comme d'une analyse dynamique de la structure financière de l'entreprise, d'autre part.

Le premier type d'analyse c'est-à-dire l'analyse statique de la structure du bilan permet de réaliser un examen du bilan comptable de l'entreprise. En fonction de l'objectif poursuivi, cette analyse peut porter soit sur le bilan financier soit sur le bilan fonctionnel.

Ainsi, lorsque le ***bilan financier est patrimonial ou porte sur l'état de liquidité,*** il permet d'analyser les fonds de roulement financier, fonds de roulement propre, fonds de roulement étranger, endettement, liquidité, exigibilité, solvabilité, appréciation du risque. Ce bilan est une photographie de la situation financière de l'entreprise à l'instant "T".

---

138 Jean-François MALECOT, Analyses théoriques des défaillances d'entreprises : une revue de la littérature, In: Revue d'économie financière, n°19, 1991.p. 207. doi : 10.3406/ecofi.1991.1746
http://www.persee.fr/doc/ecofi_0987-3368_1991_num_19_4_1746

En effet, centré sur la solvabilité de l'entreprise le bilan va permettre de comparer l'actif en fonction des éléments de liquidité avec le passif en fonction du degré d'exigibilité avec pour objectif d'évaluer la situation financière, de faire le bilan patrimonial de l'entreprise afin d'évaluer les risques.

Il s'agit d'apprécier la solvabilité au regard de la situation de trésorerie immédiate dont le déséquilibre peut faire craindre l'état de cessation des paiements. C'est ce premier bilan qui va permettre d'élaborer le bilan fonctionnel de l'entreprise dans la perspective de sa sauvegarde.

Comme son nom l'indique, le bilan fonctionnel a vocation à décrire le fonctionnement d'une entreprise. C'est une approche dynamique. Centré sur l'activité de la société, le bilan fonctionnel classe les différents postes du bilan comptable en trois grandes catégories. La première catégorie renvoie aux **investissements**, qui comprennent notamment les actifs immobilisés.

La deuxième catégorie est l'**exploitation**, qui inclut entre autres les stocks et les créances et enfin la troisième catégorie, le **financement,** qui intègre les capitaux propres, les dettes financières, etc.

Plus concrètement, les dettes et obligations de l'entreprise, **le passif**, sont appelés “Ressources” et les avoirs et les créances, **l'actif**, sont appelés “Emplois”.

On parle de ressources durables (capitaux propres...) et d'emplois durables pour les immobilisations (fonds de commerce, immeubles...). Pour le reste, on parle plutôt d'**actif circulant** : créances, trésorerie, stock de marchandises... et de **passif circulant** : dettes à court terme, dettes fournisseurs, etc.

Ainsi, le ***bilan fonctionnel*** avec mise en évidence du fonds de roulement net global, du besoin en fonds de roulement, de la trésorerie nette permet de se rendre compte de la situation de l'entreprise. Car quand la trésorerie manque et que le besoin en fonds de roulement est nettement supérieur au fonds de roulement réel, il se pose ainsi un sérieux indicateur de l'état de cessation des paiements qui est également une notion fonctionnelle[139].

Les résultats de plusieurs ratios, notamment, les ratios de liquidité et de fonds de roulement permettent de comparer la structure financière de l'entreprise à des références sectorielles.

D'autre part, l'analyse dynamique rend bien compte de la situation financière réelle de l'entreprise.

En effet, conformément à l'enseignement de l'analyse financière, la rentabilité de l'entreprise (économique ou financière), la structure de son bilan et sa capacité de remboursement sont les trois éléments les plus corrélés à la défaillance de l'entreprise.

Certains tableaux permettent d'effectuer une analyse de l'évolution de la structure financière et de ses composantes.

Le premier d'entre eux est le ***Tableau de financement*** qui permet de réaliser une analyse de la politique d'investissement et de financement de l'entreprise. Ce tableau donne une vision synthétique de l'ensemble des flux financiers qui ont eu lieu pendant une période donnée, le plus souvent un exercice comptable. Il est utilisé pour s'assurer que l'entreprise disposera des ressources financières (la trésorerie)

---

[139] V. MARTINEAU-BOURGNINAUD « la cessation des paiements, notion fonctionnelle », *R.T.D Com* 2002. 245.

nécessaires pour payer les emplois (les dépenses) de son activité.

Tout comme le bilan, le tableau de financement va distinguer les flux financiers de long terme présents dans le haut de bilan et les flux de court terme ou actif circulant présent dans le bas de bilan. Pour simplifier le document, les éléments de l'actif circulant sont présentés sous la forme de variation (augmentation ou baisse sur la période étudiée).

Il permet ainsi, d'étudier la solidité financière de l'entreprise, d'évaluer la capacité financière de l'entreprise à créer de la richesse et contribuer à sa valorisation ; de déceler et comprendre les raisons des éventuels déséquilibres financiers et de faire des projections.

Au total, le tableau de financement offre une vision claire sur la capacité de l'entreprise à financer son activité et les investissements qui lui permettront de se développer[140].

Le second tableau est le ***Tableaux des flux de trésorerie dont le*** but est d'expliquer la variation de la trésorerie entre deux dates de bilan. La trésorerie en effet, comprend les fonds en caisse et les dépôts à vue ainsi que les équivalents de trésorerie. Si les deux premiers éléments ne soulèvent pas de difficultés d'interprétation, il n'en va pas de même pour les équivalents de trésorerie dont la qualification relève de quatre critères cumulatifs.

Ainsi, constitue un équivalent de trésorerie le placement réalisé à court terme, le placement très liquide, le placement facilement

140 Pierre PAUCHER et al, Dans Guide de la gestion financière des établissements sociaux et médico-sociaux (2020), pages 429 à 438. https://www.cairn.info/guide-de-la-gestion-financiere-des-etablissements--9782100788101-page-429.htm?contenu=auteurs.

convertible en un montant connu de trésorerie et le placement soumis à un risque négligeable de changement de valeur destiné à faire face aux engagements à court terme de l'entreprise. Son utilité est de permettre notamment, d'évaluer la solvabilité et la liquidité de l'entreprise, de comprendre la situation de trésorerie ainsi que l'origine du solde[141].

En outre l'analyse dynamique de la situation de l'entreprise peut se fonder sur le Tableau de bord. Le tableau de bord est un outil de pilotage d'une entreprise constitué de plusieurs indicateurs de performance et qui a pour principales vocations d'anticiper les évolutions prévisibles et d'inciter le chef d'entreprise à prendre des décisions.

Il présente synthétiquement les activités et les résultats de l'entreprise par processus, sous forme d'indicateurs qui permettent de contrôler la réalisation des objectifs fixés et de prendre des décisions nécessaires, selon une périodicité appropriée et dans un délai limité.

Son utilité est de permettre aux décideurs d'identifier les écarts le plus rapidement possible et d'effectuer des actions correctives, d'être un outil de communication en interne, d'être également un outil de motivation au sein de l'entreprise, en mettant en lumière les objectifs de l'entreprise et sa stratégie et de favoriser l'apprentissage continu en recherchant constamment à améliorer la performance de l'entreprise[142].

---

141 Pascale REVAULT, Focus sur le tableau des flux de trésorerie, juin 2012 – CREG, P 4 à 6. https://creg.ac-versailles.fr/IMG/pdf/tableau_flux_tresorerie.pdf.

142 Robert. S. KAPLAN, David. P. NORTON, « Comment utiliser le tableau de bord prospectif ? Pour créer une organisation orientée stratégie », Éditions d'organisation, 2001.

Le diagnostic financier formulé après les analyses doit permettre précisément de caractériser l'existence ou non de la cessation des paiements. Ainsi, le rapport entre les dettes et les capitaux propres associé à l'analyse de la trésorerie fournit une première indication sur la structure financière de l'entreprise.

Si à l'issue de la confrontation par exemple (Endettement général=Dette/passif total ou Autonomie financière=Dettes/Capitaux propres), les dettes représentent plus de la moitié du bilan (ratio endettement général supérieur à 0,5 ou ratio autonomie financière supérieur à 1, il y a risque de financement de l'entreprise[143].

Ces critères proposés bien que non exhaustifs, permettront sommes toutes de fournir une définition légale précise de l'état de cessation des paiements. Son utilité pratique permettra de ne plus confondre la cessation des paiements avec d'autres notions juridiques.

II. – Utilité pratique de la proposition de définition

La conception financière de la cessation des paiements fondée sur une évaluation dynamique de la liquidité permet d'apprécier la situation financière réelle de l'entreprise puisque, si elle s'avère insuffisante, elle génère au fil du temps, l'incapacité de l'entreprise à régler ses créanciers, ce qui provoque une baisse évidente de sa rentabilité.

143 Jean-Claude JUHEL, "Les fondements de l'analyse financière," Post-Print cel-01527971, HAL 2012. P.212.

A. – Précision des contours de la notion de cessation des paiements

En effet, lorsqu'une entreprise rencontre de simples difficultés de liquidité, sa trésorerie devient temporairement négative sans que cela mette en péril son existence. En ce qui concerne les entreprises défaillantes, au contraire, leur trésorerie est négative en permanence, leurs difficultés s'apparentent davantage à un cas d'insolvabilité.

Cette situation résulte généralement de la mauvaise structure de financement, qui se caractérise par un déficit marqué de ressources de long terme[144].

La perte de valeur de la trésorerie qui contraste avec l'amélioration observée parmi les entreprises non défaillantes, provient en partie du financement d'immobilisations avec des ressources à court terme. La diminution du fonds de roulement est généralement significative un an avant la défaillance, ce qui peut résulter du choix d'un programme d'investissement trop ambitieux ou mal financé. Cette diminution de fonds est justement mise en évidence par l'appréciation de la liquidité.

De même, une conception du bilan qui privilégie les notions d'exigibilité et de liquidité, la comparaison des actifs circulants et des dettes à court terme, permet de construire un indicateur du risque de faillite représenté par le fonds de roulement.

Le concept du fonds de roulement constitue un outil d'analyse de l'équilibre financier de l'entreprise. Il est considéré comme

---

[144] Sami Ben JABEUR, Statut de la faillite en théorie financière : approches théoriques et validations empiriques dans le contexte français ; HAL Id: tel-00759632 ; https://tel.archives-ouvertes.fr/tel-00759632, Submitted on 2 Dec 2012

étant la marge de sécurité à la disposition de l'entreprise, lui permettant de conserver une certaine autonomie vis-à-vis de ses créanciers[145]. Cette marge se justifie par l'existence d'un avenir incertain et assure à l'entreprise un équilibre financier stable.

Ainsi, l'entreprise est appelée à ajuster sa marge de sécurité d'une façon continue et en fonction de la conjoncture économique. La gestion du fonds de roulement apparaît alors, comme un élément majeur de la gestion de l'entreprise. Son niveau et son mode de financement influent sur la rentabilité et le risque[146].

On en déduit que le niveau du fonds de roulement permet d'être situé sur la santé financière de l'entreprise. Car « *Plus le besoin en fonds de roulement est important, plus la dégradation de la situation financière des entreprises est élevée* ».

Ainsi, notre proposition de réécriture de l'article L.631-1 du Code de commerce permettra de circonscrire avec précision la notion de cessation des paiements pour la distinguer définitivement de notions voisines ayant des effets juridiques différents de celle-ci.

Dans un premier temps et d'un point de vue procédural, la définition de la cessation des paiements devra permettre de déterminer les conditions d'ouverture d'une procédure de sauvegarde judiciaire, c'est-à-dire lorsqu'un débiteur (personne physique ou morale), « *qui sans être en cessation des*

---

[145] Opt. Cit.
[146] Opt. Cit.

paiements, justifie de difficultés qu'il n'est pas en mesure de surmonter »[147].

A première vue les textes semblent clairs. Cependant, on peut se demander si l'entreprise en cessation de paiements n'éprouve pas elle aussi des difficultés insurmontables ? A notre sens, l'état de cessation des paiements démontre par-là même que l'entreprise fait face à des difficultés insurmontables, ces dernières peuvent être de nature « *économique, juridique, financière, sociale, ou de toute autre nature (...) dès lors que le débiteur ne peut les surmonter seul* », sans l'aide du tribunal compétent pour l'ouverture d'une procédure de sauvegarde[148].

Cette procédure a pour but de faciliter la réorganisation de l'entreprise afin de permettre la poursuite de l'activité économique, le maintien de l'emploi et l'apurement du passif car ces difficultés, si elles ne sont pas traitées, peuvent conduire à un état de cessation des paiements.

La jurisprudence estime qu'une baisse sérieuse du chiffre d'affaires entraînant un résultat annuel déficitaire ainsi qu'un effondrement du bénéfice même faiblement positif sont des

---

[147] Article L. 620-1 du Code de commerce tel que modifié par Ordonnance n°2021-1193 du 15 septembre 2021 - art. 11.

148 Romain FEYDEL, La cessation des paiements, une complexité à combattre par la loi. ; https://www.actu-juridique.fr/affaires/entreprises-en-difficulte/la-cessation-des-paiements-une-complexite-a-combattre-par-la loi/#:~:text=La%20cessation%20des%20paiements%2C%20une%20complexit%C3%A9%20%C3%A0%20combattre%20par%20la%20loi,Publi%C3%A9%20le%2026&text=1.&text=M%C3%AAme%20si%20cela%20fait%20moins,pratique%20puisque%20l'article%20L

ISSN 3096-8143

difficultés de nature à conduire à la cessation des paiements[149].

De même la rupture brutale de plusieurs contrats importants s'inscrit également dans des difficultés insurmontables. Ainsi, si le besoin en fonds de roulement est plus important que le fonds de roulement réellement utilisé cette situation est caractéristique d'une cessation des paiements. Une telle situation annoncera en revanche un état de cessation des paiements très proche si les difficultés insurmontables ne sont pas traitées rapidement.

Également, les éléments de définition de la cessation des paiements que nous proposons ici, permettent l'ouverture d'un redressement ou d'une liquidation, judiciaires sans risque de confusion avec la procédure de la sauvegarde.

En effet, en l'état actuel l'article R631-1 du code de commerce précise les documents nécessaires lors d'un dépôt de déclaration de cessation des paiements et pour retrouver la définition de la cessation des paiements ou plus précisément ce qui permet de la déceler, on devrait prendre ce texte en parallèle avec l'article R621-1 qui liste les documents nécessaires pour l'ouverture d'une sauvegarde. Les différences qui résulteraient de la confrontation permettraient de mettre en exergue le fait que dans le cas de la demande de sauvegarde figurent dans les documents à déposer des états permettant de vérifier qu'il n'y pas état de cessation des paiements : un état de la trésorerie et un

---

149 CA Lyon, 3è Ch. Civ., 31 mai 2006, n°06/02245 RG : Gaz. Pal. 7 oct. 2006, n°G2203, P.5, note Lebel C., JCP E 2006, 379, note Roussel Galle P. ; Rev. Proc. Coll. 2006, p.253, obs.

Roussel Galle P. ; RTD com. 2006, 675, n°12, obs. Vallens M. ; RJ com. 2007, 71, note Sortais X.

état des dettes à payer dans les 30 jours et des recouvrements à effectuer dans les 30 jours, c'est-à-dire qu'il s'agit de vérifier que l'entreprise dispose de la trésorerie pour payer l'exigible. Or ce résultant est justement atteint simplement à partir du critère tiré de l'analyse financière axée sur le fonds de roulement. Car si le besoin en fonds de roulement est plus important que le fonds de roulement réellement utilisé, l'entreprise se trouve potentiellement en cessation des paiements.

B. – Distinction de la cessation des paiements des notions voisines

D'un autre point de vue, la proposition permettra de distinguer nettement la cessation des paiements de l'insolvabilité. En effet, une entreprise est considérée comme étant insolvable lorsque l'ensemble de son actif global reste insuffisant à couvrir l'ensemble de son passif global.

Alors que l'état de cessation des paiements consiste uniquement à réaliser le rapport actif disponible et passif exigible, lequel porte uniquement sur une partie du patrimoine du débiteur contrairement à l'insolvabilité. L'insolvabilité ne pourra donc pas être confondue avec la cessation des paiements.

Toutefois, une entreprise peut être à la fois insolvable et se trouver en cessation des paiements. Dans cette situation, les critères proposés tirés du bilan fonctionnel relativement au fonds de roulement et l'analyse dynamique permettront parfaitement d'établir la situation financière de l'entreprise.

Cependant, l'insolvabilité n'est pas forcément concomitante avec la cessation des paiements. En effet, malgré un actif global insuffisant à couvrir l'ensemble du passif global, l'actif disponible peut suffire à couvrir le passif exigible grâce notamment à un prêt bancaire. Toutefois, si le besoin en fonds

ISSN 3096-8143

de roulement est plus important que le fonds réellement mis en œuvre, cela signifiera que l'état de cessation des paiements est proche et qu'il serait caractérisé sans le concours bancaire en question[150]. Une entreprise peut également être solvable mais se trouver en état de cessation des paiements. C'est notamment le cas lorsque l'actif disponible ne l'est pas immédiatement ni à court terme[151]. La balance actif disponible/passif exigible est donc négative et le besoin en fonds de roulement supérieur au fonds réellement utilisé.

D'un autre point de vue enfin, la cessation des paiements est à distinguer de la notion de situation irrémédiablement compromise de l'entreprise. En effet, il est vrai qu'un débiteur dépourvu de liquidités suffisantes peut être en cessation des paiements, sans que sa situation soit catastrophique, étant donné la modicité du passif. L'entreprise sera donc redressée.

À l'inverse, la situation irrémédiablement compromise peut être exclusive de la cessation des paiements, lorsque le débiteur détient temporairement ne serait-ce qu'un maigre actif, mais disponible et suffisant pour régler le passif exigible.

Il est vrai que cette situation essentiellement précaire aboutira à très court terme à la cessation des paiements et inéluctablement à la liquidation judiciaire.

A l'inverse, la situation irrémédiablement compromise symbolise la perte de tout espoir de redressement de l'entreprise en

---

150 https://www.actu-juridique.fr/affaires/entreprises-en-difficulte/la-cessation-des-paiements-une-complexite-a-combattre-par-la-loi/#:~:text=La%20cessation%20des%20paiements%2C%20une%20complexit%C3%A9%20%C3%A0%20combattre%20par%20la%20loi,-Publi%C3%A9%20le%2026&text=1.&text=M%C3%AAme%20si%20cela%20fait%20moins,pratique%20puisque%20l'article%20L

151 Opt. Cit.

difficulté et, par conséquent, la condamnation de celle-ci à la liquidation judiciaire. À cet égard, l'impossibilité pour le débiteur d'acquitter les échéances de son plan de redressement et la faiblesse du volume des commandes peuvent illustrer une situation irrémédiablement compromise. En réalité, le caractère irrémédiablement compromis de l'entreprise signifie que son activité n'est pas ou plus viable. Son *business model* est donc remis en cause tandis que la cessation des paiements ne remet en cause que son *business plan*. Dans ce dernier cas cela voudrait dire, que seul le moyen de financement de l'entreprise est à revoir et non la pérennité de son activité. Une entreprise peut se trouver en cessation des paiements alors que son chiffre d'affaires ne cesse de croître. Il en va bien différemment pour une entreprise en situation irrémédiablement compromise. La cessation des paiements concerne l'examen d'une situation financière immédiate à très court terme tandis que la situation irrémédiable s'apprécie sur le long terme et démontre une impossible continuation de son activité dans des conditions financières normales[152]. Cependant, il est également possible qu'une entreprise en situation irrémédiablement compromise soit aussi en cessation des paiements. En cette occurrence, l'unique solution possible reste la liquidation judiciaire.

---

[152] Aurelien BAMDE, « La cessation des paiements : notion, régime », in Droit commercial, Droit des entreprises en difficulté, Procédure de sauvegarde, 16/10/2017 ; https://aurelienbamde.com/2017/10/16/la-cessation-des-paiements-notion-regime/#:~:text=Sous%20l'empire%20de%20la,%2Dsanction%20%C2%BB%20de%20la%20proc%C3%A9dure

ISSN 3096-8143

Conclusion

Au total, la cessation des paiements constitue une notion clé du droit des entreprises en difficulté et dont la seule constatation est l'élément déclencheur des procédures collectives (redressement et liquidation judiciaires), il importe que son contour soit défini avec précision.

C'est pourquoi le législateur doit intervenir sans délai pour proposer une définition souple et dynamique de la cessation des paiements tenant compte de la situation réelle de l'entreprise. Cette redéfinition légale aurait le mérite de la préservation d'une certaine objectivité de la notion de cessation des paiements et de sa lisibilité par les chefs d'entreprise et les créanciers d'une part, une plus grande souplesse d'autre part permettant une prise en compte effective de la diversité des situations économiques. Enfin, elle favoriserait la sauvegarde de l'activité économique et la protection des emplois.

Références bibliographiques

Ouvrages généraux :

L. ANDREU ET N. THOMASSIN, Cours de droit des obligations, 4e éd., 2018/2019 amphi LMD, Gualino.
A. BENABENT, Droit civil, Les obligations, 18e éd., LGDL, 2019.
R. CABRILLAC, Droit des obligations, 13 e éd., Dalloz.
B. FAGES, Droit des obligations, 9 e éd., 2019, LGDJ.

Ouvrages spécialisés :

Droit des sociétés :
A. CHARVERIAT, B. DONDERO, F. GILBERT et M.-E. SEBIRE, Mémento sociétés commerciales, EFL, 51ème éd., 2021.

B. DONDERO, Droit des sociétés, Dalloz HyperCours, 7è éd., 2020.
M. COZIAN, A. VIANDIER, F. DEBOISSY, Droit des sociétés commerciales, LexisNexis, 33e éd., 2020.
M. GERMAIN, V. MAGNIER, Traité de droit des affaires, Les sociétés commerciales, L.G.D.J., 22e éd., 2017.
P. LE CANNU, B. DONDERO, Droit des sociétés, L.G.D.J., 9e éd., 2020.
V. MAGNIER, Droit des sociétés, Cours Dalloz, 9e éd., 2019.
J. MESTRE, D. VELARDOCCHIO, A.-S. MESTRE-CHAMI, Lamy Sociétés commerciales.
Ph. MERLE avec la collaboration de A. FAUCHON, Droit commercial : sociétés commerciales, Précis Dalloz, 24e éd., 2020.
J.-M. MOULIN, Droit des sociétés et des groupes, Gualino, 14e éd., 2020.
Droit des entreprises en difficulté :
L. ANTONINI-COCHIN et L.-C. HENRY, Droit des entreprises en difficulté, Coll. Mémento, Gualino, 3 e éd., 2020.
L. ANTONINI-COCHIN et L.-C. HENRY, L'essentiel du droit des entreprises en difficultés, coll. Carrés Rouges, Gualino 9 e éd., 2020.
N. BORGA, A. JACQUEMONT, T. MASTRULLO, Droit des Entreprises en difficultés, Lexis Nexis, 11e éd., 2019. - B. LAGARDE, Entreprises en difficulté, Ed. LAGARDE, 2019.
P. LE CANNU, D. ROBINE, Droit des entreprises en difficultés, Dalloz, 8e éd., 2020.
P.- M. LE CORRE, Droit et pratique des procédures collectives, Dalloz- Action, 10e éd., 2019/ 2020.
P. -M. LE CORRE, Les grands concepts du droit des entreprises en difficultés, Dalloz, Thèmes et Commentaires, 9 e éd., 2020.
D. LEGEAIS, Droit commercial et des affaires 2021, 27e éd., 2020.
A. LIENHARD, Procédures collectives, Delmas, 9 e éd., 2020-2021.

C. SAINT-ALARY-HOUIN, Droit des entreprises en difficulté, LGDJ, Lextenso, Domat, 12 e éd., 2020.
M.-H. MONSÈRIÉ-BON et C. SAINT-ALARY-HOUIN, Prévention et traitement amiable des difficultés des entreprises, LGDJ, 1 ère éd., 2018.
L. ANTONINI-COCHIN et L.-C. HENRY, L'essentiel du droit des entreprises en difficultés, coll. Carrés Rouges, Gualino 2017.
J. BONNARD, Droit des entreprises en difficulté, Hachette supérieur, Les Fondamentaux, 7ème éd. 2016.
P.- M. LE CORRE, Droit et pratique des procédures collectives, Dalloz- Action, 9ème éd. 2017/ 2018
J.-P. SORTAIS, Entreprises en difficultés, les mécanismes d'alerte et de conciliation, 2ème éd. LGDJ 2015.
J.-L. VALLENS, Entreprises en difficultés, in Lamy Droit commercial 2017.
François BONNET, La cessation des paiements. Approche financière de la loi sur les faillites, éd. Revue fiduciaire groupe, coll. Guide de gestion RF, 19/02/2000.

Articles :

Françoise AUDRIEUX, présentation des procédures collectives 16-11-2020 ; https://www.uihj.com/wp-content/uploads/2020/12/PRESENTATION-Fran%C3%A7oise-Andrieux-16-11-2020.pdf
Romain FEYDEL : « La cessation des paiements, une complexité à combattre par la loi », 26/12/2019 ; https://www.actu-juridique.fr/affaires/entreprises-en-difficulte/la-cessation-des-paiements-une-complexite-a-combattre-par-la-loi/#:~:text=La%20cessation%20des%20paiements%2C%20une%20complexit%C3%A9%20%C3%A0%20combattre%20par%20la%20loi,-Publi%C3%A9%20le%2026&text=1.&text=M%C3%AAme%20si%20cela%20fait%20moins,pratique%20puisque%20l'article%20L.
Deen GIBIRILA, « La notion de cessation des paiements, critère de distinction entre la société in bonis et l'entreprise en difficulté »,

31/07/2018 ; https://www.actu-juridique.fr/affaires/la-notion-de-cessation-des-paiements-critere-de-distinction-entre-la-societe-in-bonis-et-lentreprise-en-difficulte/#:~:text=La%20cessation%20des%20paiements%20est,s'il%20ne%20se%20trouve.

Aurélien BAMDE, « La cessation des paiements : notion, régime », In Droit commercial, Droit des des entreprises en difficulté, Procédure de sauvegarde, 16/10/2017 ; https://aurelienbamde.com/2017/10/16/la-cessation-des-paiements-notionregime/#:~:text=Sous%20l'empire%20de%20la,%2Dsanction%20%C2%BB%20de%20la%20proc%C3%A9dure.

Jean-François MALECOT, « Analyses théoriques des défaillances d'entreprise : Une revue de la littérature », In: Revue d'économie financière, n°19, 1991. La sécurité des systèmes financiers : II/ Les voies de régulation . pp. 205-227.doi : 10.3406/ecofi.1991.1746 http://www.persee.fr/doc/ecofi_0987-3368_1991_num_19_4_1746.

Eric SEVERIN, « La renégociation financière des entreprises en difficulté », Lavoisier | « Revue française de gestion »2006/7 no 166 | pages 33 à 49 ISSN 0338-4551, DOI 10.3166/rfg.166.33-50 ; https://www.cairn.info/revue-francaise-de-gestion-2006-7-page-33.htm.

Régis DELOCHE, Fabienne OGUER, « Théorie du droit français des entreprises en difficulté : Conciliation, liquidation et jeux », dans Revue d'économie politique 2002/6 (Vol.112), p 889 à 905 ; https://www.cairn.info/revue-d-economie-politique-2002-6-page-889.htm

Nabil KHELIL, Ali SMIDA, Mahmoud ZOUAOUI, « Contribution à la compréhension de l'échec des nouvelles entreprises : exploration qualitative des multiples dimensions du phénomène », dans Revue de l'entrepreneuriat 2012/1 (Vol.11), p.39 à 72 ; https://www.cairn.info/revue-de-l-entrepreneuriat-2012-1-page-39.htm.

Laure PERRIN et Amina BEN AYED, « COVID-19 et Procédures Collectives : Nouveaux aménagements pour les entreprises en difficulté », publié dans Covid-19-Restructurations, 1er Juin 2020 ; https://larevue.squirepattonboggs.com/covid-19-et-procedures-collectives-nouveaux-amenagements-pour-les-entreprises-en-difficulte.html

David BONNEMASON-CARRERE et Gilles RECASENS, « Quels facteurs clés de succès pour le processus de prévention des difficultés ?

Une analyse exploratoire d'un cas de conciliation et de sauvegarde », https://doi.org/10.4000/fcs.1325
Pierre PAUCHER et al, Dans Guide de la gestion financière des établissements sociaux et médico-sociaux (2020), pages 429 à 438. https://www.cairn.info/guide-de-la-gestion-financiere-des-etablissements--9782100788101-page-429.htm?contenu=auteurs.
Pascale REVAULT, Focus sur le tableau des flux de trésorerie, juin 2012 – CREG, P 4 à 6. https://creg.ac-versailles.fr/IMG/pdf/tableau_flux_tresorerie.pdf.

Codes :
Code civil, annoté sous la direction de Laurent LEVENEUR, éd. 2021, LexisNexis.
Code de commerce, annoté sous la direction de Philippe PETEL, éd. 2021, LexisNexis.
Jurisprudence :
Cour de cassation, Chambre commerciale, 6 juillet 2010 ; n°09-14937 ;
Cour de cassation, Chambre commerciale, 15 février 2011, n°10-13625
Cour de cassation, Chambre commerciale, 24 mars 2009, n°08-12212
Cour de cassation, Chambre commerciale, 16 novembre 2010, n°09-71.278
Cour de cassation, Chambre commerciale, 17 Mai 2011, n°10-30.425
Cour de cassation, Chambre commerciale, 13 juin 1989, n°87-20204
Cour de cassation, Chambre commerciale, 14 juin 2017,15-25698.

LA DISPONIBILITÉ PHYSIQUE OU VIRTUELLE AU TRAVAIL

Clotaire MOULOUNGUI
Maître de conférences hors classe à l'ULCO (académie de Lille)
Ancien Chef du Département Gestion des Entreprises et des Administrations
Responsable de la licence professionnelle Métiers de la Gestion et du Social

Résumé : L'employeur rêve de toujours avoir son personnel au complet aux postes de travail. En vérité, cette souhaitable disponibilité n'est pas toujours physique, concrète. La disponibilité peut en effet être virtuelle, comme le sont l'astreinte et le télétravail. S'agissant d'ailleurs de la présence sur le site de l'entreprise (ou de l'administration) pour s'en assurer, il convient d'utiliser un ou plusieurs moyens humains, techniques ou électroniques. Du reste, une personne apparemment présente n'est pas forcément opérationnelle. Car il arrive parfois qu'elle utilise le temps de travail pour se reposer, pour jouer, ou pour vaquer à ses propres occupations.

Mots clefs : Astreinte, télétravail, absentéisme moral, vol de temps de travail, paresse.

Summary: Employers dream of always having their entire staff at their workstations. In truth, this desirable availability isn't always physical or tangible. Availability can indeed be virtual, as are on-call and teleworking. Regarding on-site presence at the company (or administrative) site, one or more human, technical, or electronic means must be used to ensure this. Moreover, a person who appears to be present isn't necessarily operational. Sometimes, they use work time to rest, play, or attend to their own business.

Keywords: On-call, teleworking, moral absenteeism, theft of work time, laziness.

§§§§§§§§§§§§§§§§§§§

Introduction

1. – L'objectif de l'auteur des lignes ci-dessous.

Dès lors que l'assiduité transparaît comme la norme à atteindre, l'inassiduité correspond alors à une difficulté à résorber. En tous cas, « *peu d'études ont porté sur l'assiduité. Celle-ci semble davantage considérée comme un bienfait pour l'organisation et l'absence, un problème à résoudre* » (153).

Mais doit-on adhérer à cette idée d'une nécessaire quête de l'assiduité ? Peut-être. Tant il est vrai que toute structure a besoin de l'ensemble de ses membres aux postes de travail qui leur sont assignés. C'est dire que le défaut d'assiduité revient à un défaut de disponibilité.

L'absentéisme ou inassiduité représente la situation où une personne n'occupe pas son poste (de travail) durant un temps plus ou moins long. À l'inverse, l'assiduité correspondra à une disponibilité constante, à une présence régulière.

2. – La palliation de l'indisponibilité et le salaire de l'absentéiste.

Bien souvent, un échange en amont, entre l'employeur et le travailleur, permet de planifier les bornes temporelles de

---

153) Christine LÉONARD, Marie-Reine VAN AMERINGEN, Shimon DOLAN et André ARSENAULT (1987), Absentéisme et assiduité au travail : deux moyens d'adaptation au stress, Relations industrielles, 42(4), 774–789. https://doi.org/10.7202/050363ar

l'absence de celui-ci. Alors, et sauf quand la loi ou la convention prévoit le maintien du salaire à cet absentéiste, l'employeur n'aura rien à lui débourser dans l'intervalle. Cela paraît compréhensible, puisque l'intéressé n'aura pu consacrer de temps et d'efforts à la marche des affaires de son employeur.

La question se pose différemment au cas où un travailleur (censé être à l'ouvrage) ne consacrerait en réalité à l'employeur qu'une portion du temps convenu. Songeons ici aux arrivées tardives ; ou bien aux pauses intempestives ; ou encore aux départs anticipés. La tentation d'une réduction (parfois licite) de la rémunération traversera alors l'esprit de l'employeur.

3. – Le manque à gagner dû à l'absentéisme bref ou long.

De façon générale, la durée de l'absence est susceptible d'être plus longue que dans ces trois cas de figure subreptices (retards, pauses, départs anticipés). Car, au lieu de se mesurer en minutes, ou bien en heures, l'unité de compte sera éventuellement le jour, la semaine, voire le mois.

En bonne logique, tout employeur s'émeut des absences ainsi relevées. La raison est que celles-ci sont de nature à lui faire rater la quantité ou la qualité des biens et prestations de service qu'il envisageait (154).

---

154) « *Les impératifs de rentabilité entraînent, par ailleurs, la chasse aux temps morts : il s'agit de compresser le plus grand nombre possible de tâches sur la même personne [...]. De là naît la nécessité toujours plus grande de polyvalence* » (Sophie Fantoni-Quinton, L'évolution du temps de travail et les enjeux relatifs à la santé des salariés, Droit social 2010 p.395).

D'un autre côté, du fait de son insuffisance d'effectif, il lui manquera probablement la célérité indispensable à la pleine satisfaction des clients ou des usagers. C'est dire qu'une cascade d'embarras le frappera en conséquence du défaut d'assiduité de son personnel (155).

4. – L'inefficacité, l'inutilité ou l'illicéité de la lutte contre l'absentéisme.

L'espérance d'une assiduité constante du personnel apparaît souvent comme vaine ou déraisonnable. Pourquoi ? Parce que la plupart des cas de désertion des postes de travail sont légitimes (156). Pire, la quête effrénée de l'assiduité conduit parfois à devoir s'expliquer devant la juridiction prud'homale ou devant la juridiction pénale (157).

À cet égard, la volonté (de stakhanovisme) du salarié ne constitue nullement (à la décharge de l'employeur) une excuse valable d'une non-prise des congés annuels (158). À son tour, le salarié commettrait une infraction disciplinaire en revenant au travail malgré sa mise à pied (159). De même, en cas de retour prématuré au travail malgré son arrêt maladie, ses

155) Clotaire MOULOUNGUI, *L'absentéisme et ses inconvénients prétendus*, Th. Nantes, 2023 ; *Responsabilités et Indemnités en matière d'absentéisme*, Didactijuris, 2024.

156) Clotaire MOULOUNGUI, *La question de la légitimité des absences au travail et ailleurs*, Didactijuris, 2024, 301 pages.

157) CASS. SOC., 23 octobre 2013, n° de pourvoi : 11-16032, société Pan européenne ; Bulletin 2013, V, n° 247. Il s'agit de l'application de la directive 2003/88/CE du Parlement européen et du Conseil du 4 novembre 2003, concernant certains aspects de l'aménagement du temps de travail.

158) CASS. SOC., 15 décembre 2010, n° de pourvoi : 08-42290.

159) CASS. SOC., 12 octobre 2005, n° de pourvoi : 03-43935, société CBI, Bulletin 2005 V N° 284 p. 247.

IJSS (à percevoir bientôt ou déjà perçues) risqueront d'être regardées comme un indu (160).

5. – Modalités de la disponibilité et plan du chapitre.

La disponibilité recherchée consiste en une présence physique dans les locaux de l'employeur. Cependant, il se contente parfois d'une présence plutôt virtuelle (Section 1).

En pratique, l'employeur entendra s'assurer de la réalité de la disponibilité voulue. Pour sa part, le personnel prétendra y satisfaire largement. D'éventuels désaccords sur l'un ou l'autre point se règleront sûrement en justice (Section 2).

6. – L'identification des présents et réservistes du collectif.

Le responsable d'une structure aime avoir ses ressources matérielles et humaines à portée de main. En pratique, il n'importe nullement que cette structure ne vise pas du tout la réalisation de profits. C'est une abnégation financière que l'on croit identifier dans les administrations publiques, les associations, les fondations, les partis politiques et les syndicats.

---

160) D'après les juges : « *la coïncidence entre les heures de délégation et les heures de sortie autorisées est indifférente, l'exercice répété et prolongé de son activité de représentant du personnel étant incompatible avec l'arrêt de travail et le service des indemnités journalières* ». Trois arrêts du même jour : CASS. CIV. 2, 9 déc. 2010, n° 09-17449, n° 09-16140 et n° 09-14575. Mathieu FATREZ, Arrêt de travail : l'abstention de toute activité non autorisée s'entend strictement, *CSBP* février 2011, n° *CSBP*2011-227-A11, p. 42.

En tous cas, la présence effective du personnel s'impose à l'esprit de dirigeants de collectif de travail comme une nécessité impérieuse. Encore qu'une telle présence physique ne se suffise pas à elle-même, c'est-à-dire à elle seule (§ 1.).

Il arrive que l'organisation efficace de l'activité incite paradoxalement à maintenir du personnel de réserve loin de la structure de travail. Ce sont alors des réservistes mobilisables au besoin. Dans l'intervalle, la présence au travail devient purement virtuelle (§ 2).

I. - La présence nécessaire mais insuffisante sur site

7. - La diversité de vols du temps de travail par le salarié.

Il est facile de s'assurer de la nécessaire présence physique du personnel au sein de la structure de travail. Plusieurs systèmes sont utilisables à cet effet (A.). Mais faut-il se satisfaire de la seule présence ainsi constatée ? La question est dictée par le fait que certains travailleurs se contentent de faire semblant d'être à la tâche.

Or peut-être ces travailleurs seront-ils entrain de vaquer à des occupations sans intérêt pour leur employeur. Il paraît en l'occurrence défendable de parler de vol de temps de travail, ou bien de parler d'absentéisme moral (B.).

A. - La diversité de modalités de vérification des présences

8. - L'absentéisme révélé par un décompte des présents.

Pour savoir si tout le monde est présent, jamais un responsable de la vérification des présences ne demandera aux absents de lever la main. Logique : ceux-ci ne pourraient se signaler comme tels (à ce moment précis). Notre responsable devra donc procéder différemment.

Il devra plutôt s'intéresser au dénombrement des présents ; à leur identification. Pour cela, il recourra à la technique de l'émargement ; ou bien à celle de l'appel à vive voix ; ou encore à celle du passage de badge ; etc. Puisque les présents auront pu être identifiés, la liste des travailleurs absents pourra alors être établie par déduction.

Concrètement, ceux-ci n'auront pas émargé ; ou bien ils seront restés silencieux à l'appel de leur nom. Ou bien encore, ils n'auront pas activé leur badge ; etc. Certes, les présences à prendre en considération ne sont pas toutes physiques, vu que certaines peuvent être virtuelles.

9. – L'autocontrôle et le contrôle hiérarchie des présents.

A-t-on vraiment besoin d'un encadrement hiérarchique chargé du décompte ? Car en cas d'effectifs très important, il faudrait alors une bonne brigade de contrôleurs ; presqu'une *"armée mexicaine"*. Déjà que les directeurs et autres chefs souffrent de l'incompréhension de leur rôle dans la structure qu'ils managent (161).

En tous cas, l'auto-déclaration de son temps de travail par chacun se défend bien. Du moins quand absolument certains sont la capacité et l'honnêteté du personnel. Du reste, pour la

161) Effectivement, « *le cadre est souvent le grand accusé. Pour les représentants du personnel, sa mission est d'exploiter au maximum les personnels, au détriment même de leur santé* » (Valérie CHATEL, Mettre fin à la solitude des managers, AJ Collectivités Territoriales 2013 p.29).

coexistence collectivité, la seconde qualité pour l'autocontrôle (la bonne foi) doit être présumée. Sans doute est-ce le cas pour les salariés de haut niveau, les cadres, les titulaires de forfaits jours (162).

Un adage contestable prétend que « *la confiance n'exclut pas le contrôle* ». Il arrive ainsi que se déploient des vérifications tatillonnes dans les bureaux. Pourtant, les valeurs en jeu sont en général très faibles. Curieusement, et à l'inverse, chacun dort dans une maison dont il ne se sera jamais demandé si les ouvriers étaient compétents, de sorte qu'elle ne s'effondrera pas bientôt sur eux. De même, l'on monte insouciants dans le bus ou l'avion, sans vérifier que le pilote ne sera point dangereux pour notre vie. Cela, à cause d'une dette de sommeil ; de l'ivrognerie ; de la prise ou de l'emprise d'autres drogues ; etc.

Cela dit, si un travailleur est reconnu comme autonome, et qu'il organise sa journée de travail (de même que l'intensité de celle-ci), l'employeur conserve-t-il un droit de lui exiger « *un temps de présence et de disponibilité* » ? Le doute est permis. L'on pourrait même répondre que durant sa journée de travail un tel travailleur bénéficie du droit « *de s'absenter et de vaquer à des occupations personnelles* » (163).

En vérité, un contrôle minimal s'impose en vue de réfréner l'intéressé dans son stakhanovisme. Car il ne faut pas qu'il se ruine la santé en travaillant sans limite temporelle.

La Cour de cassation a encore récemment jugé que la Cour de justice de l'Union européenne rappelle aux États membres

---

162) Gwendoline LARDEUX, La reconnaissance du droit à la preuve en droit du travail, D. 2017. 37.

163) Mikaël PELAN, Le contrôle du contenu du temps de travail des salariés en forfait jours, La Semaine Juridique Social n° 18, 10 mai 2022, 1129.

ISSN 3096-8143

leur obligation de prévoir à la charge des employeurs la mise en place d'un système de mesure de la durée du temps de travail effectué chaque jours par chacun des travailleurs. Ce système doit présenter les trois garanties suivantes : l'objectivité, la fiabilité, et l'accessibilité (164).

Il s'agit concrètement « *d'assurer l'effet utile des droits prévus par la directive 2003/88/CE du 4 novembre 2003 et du droit fondamental consacré à l'article 31, paragraphe 2, de la Charte des droits fondamentaux de l'Union européenne* » (165).

10. – La santé comme cause du calcul du temps de travail.

Il est entendu que « *l'épanouissement individuel et collectif des agents au travail a d'inévitables répercussions sur leur motivation, leur absentéisme et le bon fonctionnement des services* » (166).

Outre la protection de la santé du travailleur, le décompte des heures de travail poursuit deux (autres) objectifs. D'une part, savoir si le travailleur a droit à la perception d'un supplément de salaire au titre des heures (supplémentaires) dépassant sa durée normale de travail. D'autre part, savoir quelles cotisations patronales l'employeur doit en définitive verser à l'URSSAF (à la Sécurité sociale). Il faut ici éviter le travail dissimulé, vulgairement appelé travail au noir.

En gros, l'employeur a l'obligation légale de répertorier les présences par divers moyens appropriés. Même en ayant

---

164) Cass. Soc., 07 février 2024, 22-15.842, SOCIÉTÉ CHOUCHANE.

165) Idem.

166) Ludivine CLOUZOT, La protection de la santé des agents publics : de l'esquisse au renouveau, AJFP 2024. 378.

manqué à cette obligation probatoire, en cas de procès, la possibilité de présenter tous autres moyens de preuve lui est quand même ouverte, affirme la Cour de cassation ; notamment son arrêt du 07 février 2024 (167).

11. – La mauvaise volonté ou la mauvaise foi d'absentéistes.

En la matière, l'on ne saurait reprocher à l'employeur le comportement de son travailleur négligent ou de mauvaise foi. Ainsi, le Conseil d'État (14 octobre 1988) aura donné tort à M. GOURGAS (un professeur d'odontologie) qui avait toujours obstinément refusé d'émarger la liste de présence constituant le système de contrôle des assiduités au centre hospitalier régional de Montpellier. Or, ensuite « *invité par l'administration à déclarer les services accomplis en assortissant sa déclaration de tout élément de preuve, il n'a pas fourni les justifications demandées* » (168).

Le juge judiciaire rend aussi de semblables décisions contre le travailleur dédaigneux du pointage prévu comme mécanisme de contrôle des absences. Par exemple, un arrêt de la Cour de cassation (19 octobre 2022) aura répondu au salarié que : « *cette omission injustifiée, qui masque sciemment les présences et absences de l'intéressé, caractérise la faute grave et qu'en privant l'employeur de toute possibilité de contrôle*

---

167) « *L'absence de mise en place par l'employeur d'un tel système ne le prive pas du droit de soumettre au débat contradictoire tout élément de droit, de fait et de preuve, quant à l'existence ou au nombre d'heures de travail accomplies* » (Cass. Soc., 07 février 2024, 22-15.842, SOCIÉTÉ CHOUCHANE).

168) CONSEIL D'ÉTAT, 14 octobre 1988, n° 60310, M. GOURGAS C. CHR DE MONTPELLIER.

contradictoire de ses heures de présence, il a évidemment contribué à une forme de désorganisation de l'entreprise ».

En l'espèce, ce fut néanmoins un arrêt de censure de celui de la cour d'appel de Saint-Denis délocalisée à Mamoudzou (09 février 2021). La raison de la cassation aura été que ce grief (d'omission fautive) ne figurait pas dans la lettre de licenciement *« qui ne mentionnait que des faits d'absences répétées du salarié à son poste de travail »* (169). Les absences seules n'étaient manifestement pas suffisantes pour figurer une faute grave.

12. – Le contrôle des absences dans les formations.

Dans les écoles, les collèges et les lycées, il apparaît naturel au professeur de procéder à un appel nominatif des élèves. Au contraire, beaucoup d'universitaires refusent d'y procéder (à l'université) parce que cette démarche infantiliserait les étudiants. Leur conviction est que ces derniers seraient des adultes désormais responsables à tous points de vue (juridique, moral, etc.). D'autres professeurs d'université ajoutent même que *« la faculté, c'est facultatif ».*

En vérité, une évolution s'amorce avec le passage de plusieurs formations universitaires en cycles de formation professionnelle continue. Celles-ci reçoivent des étudiants (des apprentis) qui alternent leur temps d'activité entre une structure de formation et une structure de travail. Pour cette raison, ils sont aussi baptisés alternants (170). Or la

---

169) CASS. SOC., 19 octobre 2022, n° 21-16.352, ASSOCIATION POUR LA FORMATION ET LE DÉVELOPPEMENT MARITIME ET AQUACOLE À MAYOTTE.

170) Catherine COUTURIER, Les formations en alternance au début du siècle, Didactijuris, 2024, 100 pages.

formation universitaire qu'ils reçoivent n'est prise en charge pécuniairement par leur tiers financeur que si existent des preuves de présence aux enseignements ou aux activités d'application (171). D'où un manque à gagner pour la formation hôte de l'absentéiste.

Dans ce contexte, la présence passive ou même perturbatrice aux enseignements semble préférable par l'université à un travail de l'étudiant chez lui, ou bien en bibliothèque. Au sein d'un collectif de travail, la pratique de passivité ou de la perturbation confinent à une blâmable dilapidation du temps nécessaire à l'activité de l'employeur.

B. – L'absentéisme moral et/ou le vol du temps de travail

13. – La difficulté du mesurage de l'utilité d'une présence.

Demeurer toute la journée sur les lieux de l'activité suffit-il pour être considéré comme étant présent ? Oui apparemment ; même s'il s'agit alors d'une présence physique sans forcément une réalisation des tâches confiées par l'employeur.

Certes, « *mesurer le temps de travail est une véritable gageure : aussi bien pour le salarié présent dans l'entreprise mais dont l'activité peut parfois dévier vers un certain présentéisme contemplatif et du «papotage», que pour le commercial [...], le chauffeur de poids lourds [...], ou encore les salariés en télétravail [...]* » (172).

---

171) Clotaire MOULOUNGUI, L'absentéisme dans les formations, Didactijuris, 2024, 347 pages.

172) François-Xavier GALLET, La notion de temps de travail effectif, Gazette du Palais, 04/01/2001, n° 004, p. 4.

ISSN 3096-8143

Un propos similaire avait déjà été tenu cinq ans plus tôt. À savoir que : « *L'ensemble du droit du travail classique repose sur le présentéisme physique, étalon efficace et accepté de la production et de la rémunération* » (173).

Une difficulté supplémentaire nait du caractère immatériel ou invisible du travail intellectuel ; notamment celui du chercheur devant sa paillasse de laboratoire ou bien devant un ordinateur. Car, au mieux, c'est à l'issue d'années de vains efforts qu'enfin il trouvera de nouveaux produits et systèmes. Parfois, c'est alors qu'il ne sera pas entrain de chercher (hasard) qu'il trouvera (174). Bref, le temps et le résultat du travail des bras étaient plus faciles à percevoir et à contrôler (175).

14. – La durée de travail et ses résultats possibles.

La durée des efforts attendus du travailleur pendant une journée est une question délicate. Déjà parce que l'objectif poursuivi peut être très rapidement atteint par certains. Rallonger arbitrairement la durée du temps de travail ne permettra pas toujours une augmentation de la production.

Outre l'explication par la théorie économique des rendements décroissants, il y a la banale constatation d'une limite

---

173) Jean-Emmanuel RAY, Le droit du travail à l'épreuve du télétravail, Une nécessaire adaptation, Droit social 1996 p.351 ; La guerre des temps, *Droit social* 2006. 3).

174) Cet heureux hasard porte le nom de sérenpidité. C'est de la sorte que Christophe COLOMB aura découvert l'Amérique (en 1492), et qu'Alexander Fleming, aura redécouvert la pénicilline (en 1928).

175) Jean-Emmanuel RAY, D'un droit des travailleurs aux droits de la personne au travail, *Droit social* 2010. 3.

physique des efforts possibles. Le double risque suivant se profile alors : des accidents du travail ; une moindre qualité.

D'ailleurs, avertit un professeur de droit : *« Amplitude horaire n'équivaut pas à travail effectif. Cette évidence pratique pour tous les salariés (d'autant plus alors que la religion du présentéisme est désormais devenue majoritaire au sein des entreprises françaises) méritait d'être rappelée »* (176).

Certes, pense la DRH de l'Assistance publique – Hôpitaux de Paris : « *Imposer une amplitude horaire, quelle qu'elle soit, génère plus d'absentéisme qu'une amplitude horaire, parfois plus fatigante, mais qui a été choisie par l'agent* » (177).

15. – L'absentéisme moral, le défaut de service et autres.

L'Administration française a consacré le concept de *« défaut de service fait »* à l'encontre des fonctionnaires faussement présents. En clair, pour être rémunéré, l'agent public devrait avoir utilisé tout son temps de travail à réaliser convenablement les tâches prévues par son employeur.

Le pire est toutefois que satisfaire ces conditions ne suffit pas à justifier la rémunération d'un travailleur qui n'aura pas été recruté pour les missions qu'il aura remplies. Autrement dit : « *En matière de rémunération [...], le service fait ne saurait suffire à établir la validité de la dette en l'absence de texte ou*

176) Julien ICARD, Mode de calcul du temps de travail effectif, Les Cahiers Sociaux, 01/05/2014, n° 263.

177) Vanessa FAGE-MOREEL, Le temps choisi, Ou comment mieux articuler les services à la population et l'équilibre de vie des agents ? AJFP 2024. 311.

de contrat » (178). Pourtant « *tout travail mérite salaire* » verrons-nous plus loin dans ce livre.

La présence inutile à l'employeur prend la forme d'un absentéisme moral (mauvaise volonté probable) ou bien celle d'un présentéisme (bonne volonté vaine). Dans celui-ci, le travailleur s'efforce d'occuper son poste de travail malgré ses éventuels soucis physiques ou psychologiques.

D'une table ronde, d'il y a une quinzaine d'années, l'on retiendra que : « *Le présentéisme peut être défini comme l'inverse de l'absentéisme ou du burn-out. Le collaborateur est présent à son poste de travail mais dans l'incapacité de fournir la prestation attendue soit par épuisement physique ou psychique soit simplement par démotivation* » (179).

Les causes et les formes du présentéisme sont diverses. Effectivement, a-t-il pu être soutenu, « *Le présentéisme est généralement la résultante de maladies physiques et psychiques, chroniques ou épisodiques. Mais le terme englobe également une baisse de performance liée à la difficulté que rencontre un salarié à surmonter des problèmes privés et/ou professionnels* » (180).

---

178) David GUILBAUD et Nicolas PÉHAU, Paiement irrégulier de rémunérations, *AJDA* 2020. 1901.

179) Francis MEYER et Corine SACHS-DURAND, Présentéisme, maladie et baisse de productivité, Compte-rendu d'une table ronde sur les risques psychosociaux, Premier volet : Les risques psychosociaux, état des lieux, Revue de droit du travail 2012 p.633.

180) Francis Meyer et Corine SACHS-DURAND, préc.

16. – La dénonciation du présentéisme au travail.

Les personnes affectées par des pathologies ou des handicaps ne parviendront pas toujours à s'imposer professionnellement au moyen d'un présentéisme forcené. Il y aura en effet des jours où leur mal les empêchera de se déplacer vers le site prévu pour l'activité. L'intéressé se trouvera ainsi donc dans une situation de discrimination ; une discrimination indirecte.

Un auteur dénonce par conséquent les « *modes d'organisation et d'évaluation du travail fondés sur la présence, la productivité à un certain niveau ou la polyvalence au poste qui peuvent affecter, de façon disproportionnée, les salariés en situation de handicap* » (181). Au total, ce n'est pas toujours volontairement que des salariés dilapident le temps de travail au détriment de leur employeur.

17. – Le risque d'absentéisme dû au cumul d'emplois.

Le cumul d'emplois (et de rémunérations) est mal accepté en France. Même lorsque le travailleur (qui serait à temps complet) paraîtrait disposer de beaucoup de temps libre. Sans doute est-ce le cas des enseignants-chercheurs et de leurs doctorants (182).

Selon le Code Général de la Fonction Publique : « *L'agent public consacre l'intégralité de son activité professionnelle aux tâches qui lui sont confiées* » (art. L121-3). Ce code réitère plus loin que : « *L'agent public ne peut exercer, à titre professionnel, une*

---

181) Marie MERCAT-BRUNS, Les multiples formes de la discrimination fondée sur le handicap, Rev. trav. 2024. 331.

182) Charles FORTIER, Pas de cumul de rémunérations pour les doctorants sous contrat ! AJFP 2009. 300.

activité privée lucrative de quelque nature que ce soit [...] » (art. L123-1).

Le travailleur semble plus blâmable encore si un tel cumul s'exerçait lors de créneaux horaires normalement dévolus à l'activité principale. En tous cas, le précepte d'après lequel l'on ne peut servir parallèlement deux maîtres s'applique aussi dans le secteur privé. Tout au moins à l'égard des salariés qui ne sont pas à temps partiel, mais plutôt à temps complet.

18. – Le risque juridique du cumul illicite d'emplois.

Un contentieux des années 60 aidera à cerner la position des juges judiciaires confrontés à cette question du cumul d'emplois, cause potentiel d'absentéisme. Voici précisément le motif idoine d'un arrêt de la Cour de cassation (20 janvier 1961) : « *Malgré son engagement de consacrer tout son temps à son travail et de ne pas traiter d'affaires personnelles, il s'est souvent absenté de son bureau et y a reçu une correspondance relative à une activité parallèle* » (183).

Le salarié cumulard pouvait-il espérer rester impunément dans son emploi principal ? Non, avait répondu son employeur, lequel l'aura licencié. Selon lui, « *ces manquements graves* » du salarié rendaient « *impossible la continuation du contrat de travail à durée déterminée* ». Le salarié en question aura alors perdu son droit au paiement des salaires convenus, ainsi que l'indemnité compensatrice de congés payés avec (à l'époque) l'onction de la Cour de cassation (20 janvier 1961).

---

183) Cass. Soc., 20 janvier 1961, N° 95 ; https://www.legifrance.gouv.fr/affichJuriJudi.do?idTexte=JURITEXT000006955682&fastReqId=2098253206&fastPos=6&oldAction=rechExpJuriJudi.

Dans cet arrêt, il est curieusement question de faute lourde (184). Cela surprend au regard de l'acception actuelle de cette notion. À savoir que c'est un fait commis pour nuire à son employeur. Il est vrai que dans l'affaire (et dans d'autres semblables), il y avait une sorte de vol du temps de travail. En clair, l'employeur payait apparemment pour rien une partie du salaire au travailleur cumulard. La situation ne manque pas de faire songer à celle où le travail convenu serait virtuel et/ou à réaliser loin des locaux de l'employeur…

II. – La présence virtuelle et/ou lointaine du salarié

19. – Un travail à domicile, à l'extérieur, ou centralisé.

Il y a bien des siècles, le travailleur œuvrait (depuis) chez lui. Ensuite seulement, il allait dans les marchés et les foires proposer le fruit de son labeur à la vente. Mais en vue de plus grosses et rapides productions, des bourgeois se mirent à concentrer des ressources matérielles et du personnel sur un site unique ; c'est-à-dire dans des usines, des bureaux ou des magasins.

Aujourd'hui, cette concentration marque le pas, puisque les phénomènes de filialisation ou d'externalisation s'amplifient. En déléguant l'accomplissement de leurs activités annexes, les agents économiques finissent par se focaliser sur leur « *cœur*

---

184) Les archives de la Cour de cassation ne donnent à lire que les abstracts ou les mots clefs. Les titreurs ont en l'espèce mentionné : Contrat de travail ; Durée déterminée ; Rupture par le salarié ; Faute lourde. La qualification de faute lourde ne semble pas aller de soi, puisque la définition qui en est donnée aujourd'hui, consiste en une volonté de nuire à l'employeur. Mais peut-être l'activité parallèle était-elle concurrente. Une jurisprudence presque aussi sévère se perpétue, même s'il est plutôt question de faute grave.

de métier» (185). Leur objectif est alors de devenir plus efficace et plus économe ; c'est-à-dire davantage rentable (186). Encore que la pratique de l'externalisation se retrouve dans les administrations publiques aussi (187), malgré leur fonctionnement en principe sans but lucratif (188).

Il n'en reste pas moins que le travailleur doit demeurer disponible malgré l'éventuelle distance (géographique) avec son employeur. À ce sujet, deux cas particuliers méritent probablement un éclairage. D'une part, celui relatif à l'astreinte et au contrat zéro heure, lequel découle de l'ubérisation de l'économie (A.). D'autre part, le cas constitué par le télétravail (B.).

A. – La disponibilité au moyen de l'astreinte et de l'ubérisation

20. – Les variantes de la disponibilité professionnelle.

La disponibilité ne signifie pas forcément que le travailleur sera toujours entrain de se démener pour son employeur. En effet, il sera parfois en situation d'attente. C'est le cas tout d'abord en matière de garde sur place ou d'astreinte chez soi. L'on peut également songer aux contrats zéro heure et autres contrats d'ubérisation des relations socioprofessionnelles.

---

185) Philippe BOISLANDON, Carole GIRAUDET et Sylvie MONCHATRE, Démesure conventionnelle du temps de travail dans le secteur de la sécurité privée, Rev. trav. 2023. 175 ; G. Schütz, Se *''recentrer''* sur son *''cœur de métier''*. L'externalisation des services généraux des entreprises, Rev. fr. socio-éco., 2019, n° 23 (2), 181-201.

186) Charley HANNOUN, L'impact de la financiarisation de l'économie sur le droit du travail, Rev. trav. 2008. 288.

187) Jean-David DREYFUS, L'externalisation, éléments de droit public, AJDA 2002. 1214.

188) Certes, la gratuité du service public constitue un simple mythe.

21. – Des précisions sur le temps de et l'astreinte.

Les dispositions législatives ou réglementaires applicables au secteur public, ainsi qu'au secteur privé, donnent une définition identique du temps de travail effectif et de l'astreinte. D'une part, « *la durée du travail effectif est le temps pendant lequel le salarié est à la disposition de l'employeur et se conforme à ses directives sans pouvoir vaquer librement à des occupations personnelles* » (189).

D'autre part, au regard d'ailleurs de l'unanimité des textes, « *une période d'astreinte s'entend comme une période pendant laquelle le salarié, sans être sur son lieu de travail et sans être à la disposition permanente et immédiate de l'employeur, doit être en mesure d'intervenir pour accomplir un travail au service de l'entreprise* » (190).

22. – La perte en liberté et en argent en cas d'astreinte.

Selon toute vraisemblance, le travailleur (sous astreinte) n'est pas « *à la disposition permanente et immédiate de son employeur* ». Car tant qu'il n'est pas appelé pour une intervention, il peut sans doute « *vaquer librement à des occupations personnelles* ». Chez lui, il sera par exemple entrain de visionner une vidéo, de naviguer sur les réseaux sociaux, ou de faire du ménage.

Toutefois, ce travailleur (sous astreinte) pourrait-il raisonnablement aller passer sa journée à une centaine de kilomètres de travail, en vue de pédaler, de pêcher, de

---

189) Code du travail, article L3121-1.
190) Code du travail, article L3121-9, alinéa 1.

marcher, ou de grimper ? Non probablement. Il ne pourrait même pas se rendre dans une salle de cinéma de sa ville ; que ce soit seul, ou en couple, ou bien avec ses enfants. Il ne lui est pas non plus loisible de se déconnecter de l'Internet ou d'éteindre son Smartphone durant des heures.

Le travailleur doit effectivement demeurer aux aguets, c'est-à-dire disponible. Conclusion : sa liberté est manifestement limitée. Il ne dispose pas vraiment d'un temps complet de relâche. Comme dit un auteur, l'obligation de se tenir prêt à partir (pour une intervention) « *ne laisse pas le salarié disposer d'un véritable temps libre* » (191).

Par ailleurs, un temps effectif de travail est mieux rémunéré que l'astreinte. Celle-ci ne donne en effet droit qu'à un repos compensateur ou qu'à une indemnité. L'on enseigne justement qu'en cas d'astreinte, *« il doit être prévu une contrepartie, soit financière, soit sous forme de repos, quelle que soient la fonction et les responsabilités du salarié »* (192).

23. – La requalification de l'astreinte en temps de travail.

Il arrive qu'un employeur soit poursuivi afin que la période d'astreinte soit analysée en une période de travail véritable. Par exemple, une infirmière hospitalière avait accepté d'occuper un logement au sein de l'hôpital pendant ses astreintes. Or elle était fréquemment appelée ; à très à brève échéance ; ce qui est certes le principe aux urgences).

---

191) François-Xavier GALLET, La notion de temps de travail effectif, Gazette du Palais, 04/01/2001, n° 004, p. 4.

192) Antoine MAZEAUD, Droit du travail, Précis Domat Droit privé, LGDJ, 2016, n° 925.

L'infirmière était si souvent rappelée qu'elle ne passait quasiment pas de temps dans le local privatif qui lui était prêté. En d'autres termes, elle était en permanence sur le lieu de travail (pour une intervention). Pour elle, pas de différence avec sa situation normale de travail, laquelle était comprise entre 8 heures et 23 heures. Or, pour cet intervalle elle percevait une meilleure rémunération.

En l'espèce, la question juridique était donc de savoir si le temps d'astreinte devait (pouvait) être requalifié en temps de travail effectif. Si la réponse positive pouvait arranger l'infirmière, en revanche l'employeur public aurait dû supporter une forte charge salariale. La réponse du Conseil d'État (13 octobre 2017) aura été négative.

En effet, aura affirmé cette cour suprême : « *les périodes d'astreinte litigieuses n'avaient pas à être requalifiées, du fait de la fréquence des interventions que Mme A...a été amenée à effectuer durant les heures comprises entre 23 heures et 8 heures, en temps de travail effectif [...] ; [Car] l'intéressée n'était pas à la disposition permanente et immédiate de son employeur et pouvait, en dehors des temps d'intervention, vaquer librement à des occupations personnelles* » (193).

Une quinzaine d'année plus tôt, la Cour de cassation (24 avril 2001) avait pour sa part plutôt jugé que : « *le temps pendant lequel un salarié est tenu de demeurer dans l'établissement dans une chambre de veille pour assurer une surveillance nocturne des pensionnaires, sans pouvoir vaquer librement à des occupations personnelles, ne constitue pas une période d'astreinte mais un temps de travail effectif* » (194).

193) Conseil d'État, 13 octobre 2017, n° 396934.
194) Cass. Soc., 24 avril 2001, N° de pourvoi : 98-45366, l'Association pour la sauvegarde de l'enfance et de l'adolescence (ASEA), " *La Pierre*

De même, une décision similaire aura été rendue relativement au temps de trajet entre le domicile et le site de travail de la personne sous astreinte. La Cour de cassation (31 octobre 2007) avait proclamé que « *le temps de déplacement accompli lors de périodes d'astreintes fait partie intégrante de l'intervention et constitue un temps de travail effectif* » (195).

24. – Le contrat zéro heure à la place de l'astreinte.

Nul ne doute que la disponibilité professionnelle d'autrui (à votre profit) se paie (en argent ou en nature). À moins bien sûr que l'intéressé agisse pro Bono ; c'est l'idée du bénévolat (196). En matière d'astreinte, peu importe que le travailleur ait vainement attendu ; c'est-à-dire qu'il n'ait pas été sollicité pour une intervention. Une compensation lui est due…

Notons que s'ils en avaient le choix, sans doute les employeurs opteraient-ils pour le recrutement de personnels qui, bien que disponibles en permanence, ne recevraient de paie que pour les tâches effectivement réalisées. Au surplus, sans que les rémunérations alors versées entraînassent le paiement de cotisations sociales patronales. Curieusement, ce rêve devient réalité grâce au contrat zéro heure et l'ubérisation corrélative de l'économie (197).

---

blanche " ; Bulletin 2001 V N° 129 p. 100. En l'occurrence, cassation de l'arrêt de la cour d'appel d'Angers, du 30 juin 1998.

195) Cass. Soc., 31 octobre 2007, n° de pourvoi : 06-43834 06-43835 Bulletin 2007, V, N° 183. Sur un point différent, la décision du CH de Montpellier (8 juin 2006) avait cependant été cassée.

196) Sur le bénévolat, voir infra le Chapitre 3, Section 1, § 2.

197) Eduardo H.R. von ADAMOVICH et M. ZERNIKOW, *Philosophical and Sociological Reflections on Labour Law in Times of Crisis*, Cambridge Scholars Publishing, 18 mai 2022, 455 pages; COLLECTIF, Ubérisation

25. – La qualification de salarié ou de prestataire de service.

Avec le contrat zéro heure, le travailleur ressemble à un prestataire de service (qui ne relève donc pas des effectifs de l'entreprise). La question essentielle (en fait et en droit) est alors de savoir s'il y a un contrat de travail entre les intéressés, plutôt qu'un autre type de contrat moins protecteur des travailleurs.

Quelle différence pour le bénéficiaire de la force de travail d'autrui ? Il se trouve que le travailleur indépendant ne sera sollicité que si l'activité économique du moment le nécessite. Le cas échéant, son intérêt lui commandera de répondre favorablement. Pourquoi ? Premièrement, afin de saisir une occasion de rentrée d'argent. Deuxièmement, afin de maintenir ses chances d'être souvent rappelé par le donneur d'ordres (198).

Au fond, parce qu'étant dans l'ignorance du volume de travail qu'il aura prochainement, tout travailleur indépendant manque de visibilité sur ses revenus futurs. Il ne jouit ainsi donc pas de l'avancée sociale représentée par la mensualisation. Son triste sort est l'une des manifestations de la flexibilité du marché du travail (199). À ce propos, conclue une professeure des

---

de l'économie, entrepreneuriat et capital humain, Vie & sciences de l'entreprise 2018/1 (N° 205), ANDESE, 182 pages.

198) Claude DIDRY, Au-delà de la subordination, les enjeux d'une définition légale du contrat de travail, Droit social 2018. 229 ; Jacques BARTHÉLÉMY et Gilbert CETTE, Vers un droit de l'activité professionnelle, Droit social 2017. 188.

199) https://fr.wikipedia.org/wiki/Contrat_z%C3%A9ro_heure.

universités : « *la flexibilité pourrait bien avoir raison du droit du travail et de la protection sociale* » (200).

Humblement, une directive européenne concède que : « *Les travailleurs qui ne bénéficient pas d'une durée de travail garantie, y compris les travailleurs "zéro heure" ou titulaires de certains contrats à la demande, sont dans une situation particulièrement vulnérable. Il convient par conséquent que les dispositions de la présente directive leur soient applicables, quel que soit le nombre d'heures de travail effectif* » (201).

26. – L'obligation de fournir du travail et donc une paie.

La prévisibilité procure de la quiétude économique et psychologique au travailleur. On peut comprendre à cet égard que des membres de professions libérales (avocats, pharmaciens, etc.) optent plutôt pour le statut de salarié. Car être patron (à son compte) vous confronte à la concurrence privée ainsi qu'à la bureaucratie administrative (202).

Cela dit, la Cour de cassation (15 juillet 1998) avait proclamé que « *l'employeur ne peut être dispensé de payer leur rémunération aux salariés qui se tiennent à sa disposition que s'il démontre qu'une situation contraignante l'empêche de fournir du*

---

200) Caroline DECHRISTÉ, Les contrats de travail flexibles. Une comparaison internationale (de Sophie Robin-Olivier), Les Presses de SciencesPo, Rev. trav. 2015. 428.

201) Directive (UE) 2019/1152 du Parlement européen et du Conseil du 20 juin 2019 relative à des conditions de travail transparentes et prévisibles dans l'Union européenne ; JOUE n° L 186, 11 juillet 2019.

202) Sébastien HOURSON, Le procès en suradministration, Droit Administratif n° 6, Juin 2021, alerte 81.

travail » (203). Dans une autre affaire elle aura jugé (17 février 2010), en faveur d'un travailleur, qu'il appartenait « *à la société AVS Concept, en sa qualité d'employeur, de lui fournir du travail* » (204).

Le souci de protection du travailleur avait conduit la Cour de cassation (01 février 2000) à déduire d'une longue coopération professionnelle l'existence d'un contrat de travail au profit d'un journaliste indépendant (un pigiste). En gros, une longue et abondante coopération crée des obligations envers la partie faible, c'est-à-dire le travailleur. Peu importe que, « *en principe une entreprise de presse n'a pas l'obligation de procurer du travail au journaliste pigiste occasionnel* » (205).

27. – La disponibilité salariale d'acteurs de la téléréalité.

Également par sollicitude pour la partie contractuelle faible, les juges du fond ont conclu à l'existence d'un contrat de travail au profit de participants au tournage de l'émission "*l'Ile de la tentation*". Un tournage par TF1, dans un hôtel thaïlandais du golfe du Siam. Parmi les nombreux motifs de l'arrêt, l'on retiendra que "*quatre couples non mariés et non pacsés*" y étaient tenus de prendre part aux réunions et activités (certes

203) Cass. Soc., 15 juillet 1998, n° de pourvoi : 96-40768, Bulletin 1998 V N° 390 p. 295. En l'espèce, une préposée aux ménages n'était plus apte à des tâches pénibles. Néanmoins, en fonction de certains aménagements, elle pouvait trouver à s'employer dans l'entreprise.

204) Cass. Soc., 17 février 2010, n° de pourvoi : 08-45298, Bulletin 2010, V, n° 41 : « *Vu les articles L. 1221-1 et L. 1211-1 du code du travail ; Attendu que le contrat de travail comporte pour l'employeur l'obligation de fournir du travail au salarié* ».

205) Cass. Soc., 1 février 2000, n° de pourvoi : 98-40195, Bulletin 2000 V N° 49 p. 39.

agréables de plongée, d'équitation, de ski nautique, de voile, etc.).

De plus, outre que les règles à suivre par les intéressés avaient été définies unilatéralement par le producteur, « *le règlement leur imposait une disponibilité permanente, avec interdiction de sortir du site et de communiquer avec l'extérieur* » (206). D'où le droit aux 1525 euros que la cour d'appel aura reconnu à chacun des participants. Quasiment un SMIC pour l'offre passagère de sa personne et indéfinie de son image au profit de l'employeur apparent.

Au total, l'exigence de la disponibilité est habituelle de la part des employeurs. C'est-à-dire même à l'égard de partenaires qu'ils se refusent à assumer comme (des) salariés. Heureusement pour ceux-ci, les juges prud'homaux et les juridictions de contrôle s'efforcent de les protéger. Un résultat qui survient à l'issue d'une requalification de la relation professionnelle (pseudo-indépendante) en contrat de travail (207). Cela dit, les vrais (travailleurs) indépendants doivent être distingués des vrais salariés œuvrant dans le cadre d'un télétravail (208).

---

206) Cass. Soc., 3 juin 2009, n° de pourvoi : 08-40981 08-40982 08-40983 08-41712 08-41713 08-41714, Bulletin.

207) Laurence TUR, Focus – Autoentrepreneur : un risque de requalification, JA 2013, n°481, p.30.

208) « *L'individualisme, comportement habituel des travailleurs indépendants, [...] incite à s'insurger contre l'idée même d'harmonisation* » (Jacques BARTHÉLÉMY, Les régimes de travailleurs indépendants, Droit social 2009. 343).

B. - La consécration récente du télétravail

28. - La disponibilité offerte à distance grâce à des outils.

Le télétravail offre à l'employeur (ainsi qu'aux usagers ou aux clients de celui-ci) la disponibilité même de travailleurs que l'on sait absents du site de son activité économique, administrative ou associative. Concrètement, ces travailleurs œuvrent à distance. Ils ne deviennent pas pour autant des travailleurs à domicile, une réelle liberté de gestion du temps d'efforts étant inhérente à la seconde modalité de travail à distance.

Plus précisément, aux termes du Code du travail (art. L1222-9), le télétravail consiste en « *toute forme d'organisation du travail dans laquelle un travail qui aurait également pu être exécuté dans les locaux de l'employeur est effectué par un salarié hors de ces locaux de façon volontaire en utilisant les technologies de l'information et de la communication* ».

Dit autrement : le salarié en télétravail demeure disponible pour l'employeur. Ce sera toutefois loin de ses locaux professionnels qu'il opérera alors. En plus, il s'aidera d'outils spécifiques.

À cet égard, il avait été soutenu qu'à condition d'utiliser les TIC (l'ordinateur et l'Internet) pour les tâches concernées, l'existence du télétravail était établie. Dans ces circonstances, presque tous les travailleurs semblent pouvoir en relever ; hormis naturellement « *les métiers strictement manuels* »

(209). Mais en vérité, des précisions et exceptions s'imposent (210).

Déjà, une lecture littérale (et a contrario) amène à penser que dans l'hypothèse ci-dessous un avocat (forcément salarié) ne saurait se prétendre en télétravail. Concrètement, l'on supposera qu'il aura choisi, pour parfaire ses dossiers, de toujours rester un jour par semaine chez lui. Son idée étant qu'il pré-visualise ses prochains ''*effets de manche*' face à un miroir. Ou bien, que ce temps d'absence au cabinet lui permette de consulter de vieux parchemins aux archives départementales.

Le problème est qu'aucune de ces deux modalités de travail (soit le miroir, soit la bibliothèque) n'exige l'utilisation de technologies de l'information. Et puis, seul l'essai de plaidoirie (en miroir) se réaliserait sans peine dans les locaux de l'employeur, mais nullement ses explorations d'archives. C'est dire que notre cas d'école ne semble nullement satisfaire les deux conditions du télétravail (pour cet avocat).

D'ailleurs, un professeur pourrait-il se dire en télétravail, par exemple pour corriger des copies de devoirs, ou bien pour préparer des cours ? L'on est tenté de répondre par la négative. En pur droit, l'avocat et le professeur apparaissent semblablement démunis que l'ouvrier, le manœuvre ou la ménagère. Bref, pas de télétravail, en principe.

---

209) Laurence PÉCAUT-RIVOLIER, Travail à domicile, télétravail : une réponse adaptée à la question de la conciliation vie professionnelle/vie familiale ? AJ Famille 2013 p.212.

210) Bien sûr, toutes les activités intellectuelles ne sont pas susceptibles de prestation à distance. L'on se rappellera que les travailleurs qui soignaient les malades de la covid-19 (urgentistes, anesthésistes, réanimateurs, etc.) avaient dû se (re)trouver sur place (à l'hôpital) auprès des malades.

29. – Les réticences françaises à l'essor du télétravail.

Longtemps, les auteurs se seront déchirés sur les cas où le télétravail apparaissait utilisable. Il faut savoir que l'environnement social d'antan éprouvait du scepticisme à l'égard de cette modalité nouvelle d'organisation du travail. Son succès actuel à travers le monde témoigne à l'évidence d'un réel changement de mentalités, c'est-à-dire d'une ouverture d'esprit plus grande.

Dès le début de ce siècle, l'on aura pourtant compris que le télétravail « *contribue à lutter contre l'absentéisme et les retards* » (211). Car il supprime ou réduit les temps de transports des travailleurs. Ces derniers sont en effet autorisés à œuvrer depuis leur domicile, ou bien dans un tiers lieu proche de chez eux. Précisons que c'est le 16 juillet 2002 que le télétravail aura été retenu comme objectif par tous les États de l'Union européenne.

Néanmoins, cet accord européen ne fut transposé en droit français que dix ans plus tard ; par le biais d'une loi du 22 mars 2012. Techniquement, le télétravail a sa place dans le secteur privé et dans le secteur public. D'où son adoption (juridique) par le Code du travail (212). Pour les fonctionnaires, il y aura eu la loi Sauvadet, du 12 mars 2012 (213).

---

211) Henri GUYOT, Le télétravail : état des lieux, La Semaine Juridique Social n° 40, 1er Octobre 2013, 1382.

212) Cette loi modificative du Code du travail est encore dite loi Warsman, du 22 mars 2012.

213) Un décret d'application du 11 février 2016 aura décliné cette loi dans les trois fonctions publiques (de l'État, hospitalière, territoriale). Des contrats collectifs (conventions collectives, accords d'entreprise) complètent le dispositif légal. Depuis mai 2016, il a été mis en ligne un

En vérité, à mi chemin entre ces deux dates (à savoir en 2005), intervint un Accord National Interprofessionnel (ANI) sur le recours au télétravail. L'accord en question contenait déjà quasiment l'essentiel des règles législatives actuelles. La transposition fidèle de cet ANI aura agréablement surpris les partenaires sociaux. En tous cas, bien regrettables leur semblent souvent les adjonctions et/ou les suppressions apportées à leurs accords par les pouvoirs publics (214).

30. – L'intérêt du télétravail en cas d'épidémie ou autre.

Depuis longtemps déjà (en 2017), le législateur avait songé au télétravail *« en cas de circonstances exceptionnelles, notamment de menace d'épidémie »* (215). De sorte que, en 2020, lorsque la covid-19 sera survenue, la France était juridiquement prête à basculer ses travailleurs vers le télétravail. C'est un basculement décidé par l'employeur constatant une circonstance exceptionnelle. Toutefois, le travailleur pourra s'y opposer sur la base de justes motifs.

Grâce au confinement (à cause du Covid-19) et à l'obligation corrélative de se rabattre vers le télétravail, celui-ci aura pu se révéler comme particulièrement intéressant. Par exemple, le télé-enseignement aura explosé (en application de la politique gouvernementale de la continuation pédagogique).

---

guide de la mise en œuvre du télétravail chez les fonctionnaires (https://www.fonction-publique.gouv.fr/teletravail-0).

214) Grande fidélité de la LOI n° 2023-1107 du 29 novembre 2023, à l'égard de l'ANI sur le partage de la valeur en entreprise. Conf. Louis LADAIGUE, Loi partage de la valeur : mesures vertueuses et contraintes virtuelles, La Semaine Juridique Entreprise et Affaires n° 50, 14décembre 2023, 1368.

215) Code du travail, article L1222-11.

De même, la télémédecine aura battu tous les records qui lui étaient prédits (au mieux) pour la future décennie seulement. Au point que désormais peut-être conviendrait-il de reconsidérer la question des déserts médicaux (216) ; surtout en Afrique (217). De leur côté, la radio et la télévision ne seront pas demeurés en reste (218).

À l'époque, de la pandémie de Covid-19, le mot d'ordre était que chacun restât chez soi. En tous cas, les sites de travail (et donc de brassage humain) étaient fermés. Le télétravail s'imposait presque partout et quasiment à tous. Les seuls métiers qui n'auront pu en faire l'objet sont ceux que (pour cette raison d'ailleurs) le public aura fini par décréter comme étant essentiels. L'on citera comme exemples : les hôtesses de caisse ; les pompiers ; les camionneurs ; les agriculteurs ; les boulangers ; les policiers.

Il s'agit d'activités mal payées, exercées par des personnes ayant connu l'échec lors de leurs études théoriques. Heureusement, depuis trois décennies ces métiers sont mieux valorisés au

---

216) Magali BOUTEILLE-BRIGANT, Accompagner l'agriculteur grâce à la e-santé, Droit rural n° 1, Janvier 2023, dossier 3 ; Marie-Laure MOQUET-ANGER, Télémédecine et égal accès aux soins, RDSS 2020. 13 ; Michel BORGETTO, La télémédecine, RDSS 2020. 3 ; Amandine CAYOL, Tiers-lieux à l'ère du numérique : Vers la mise en place de « tiers-lieux » de la télémédecine ?, RFFP sept. 2021, p. 133.

217) Efrahime N'GUESSAN, Le risque juridique en télémédecine, Didactijuris, 2025.

218) Ces médias auront découverts que le public pouvait volontiers se satisfaire d'images et/ou de sons manifestement médiocres. Concrètement, des pseudos experts en Covid-19 tenaient des discours vagues et imprécis, parfois proches du charlatanisme. Certes, ils intervenaient bénévolement. En effet, ils se contentaient de bénéficier de leur ''*quart d'heure célébrité*'' médiatique.

ISSN 3096-8143

moyen de dénominations plutôt poétiques (219). Par exemple : hôtesse de caisse, agent de production, technicien de surface. Il n'empêche que le contrôle de la présence au poste de travail y est des plus strictes. D'où des malentendus avec la hiérarchie, des mécontentements et des procès réciproques.

---

219) Au fond, « *ce sont essentiellement les professions subalternes, voire aussi les professions ingrates et les professions moyennes qui tendent le plus à l'euphémisme* » (Jean-Paul COURTHÉOUX, Sur les euphémismes des professions et de la société, Droit social 1998. 696).

LES LITIGES DU MESURAGE DE L'ASSIDUITÉ AU TRAVAIL

Clotaire MOULOUNGUI
Maître de conférences hors classe à l'ULCO (académie de Lille)
Ancien Chef du Département Gestion des Entreprises et des Administrations
Responsable de la licence professionnelle Métiers de la Gestion et du Social

Résumé : La lutte contre l'absentéisme suppose (pour l'employeur) de commencer par l'objectiver, par le constater. Le problème est plusieurs modalités de contrôles de l'assiduité sont illégales. Car elles portent atteintes aux libertés individuelles. D'ailleurs, même l'identification des travailleurs envisageant de faire grève semble critiquable. D'un autre côté, les présences peuvent être attestées par les travailleurs eux-mêmes. Alors, des fraudes surviennent de leur part. En effet, quelques présences se révèlent fictives, et d'autres ineffectives, c'est-à-dire sans intérêt pour l'employeur.

Mots clefs : Assiduité, absentéisme, contrôle, mesurage, libertés.

Abstract: Combating absenteeism requires (for the employer) to begin by objectifying it, by observing it. The problem is that several methods of monitoring attendance are illegal. Because they infringe on individual freedoms. Moreover, even identifying workers considering strike action seems questionable. On the other hand, attendance can be certified by the workers themselves. This leads to fraud on their part. Indeed, some attendances turn out to be fictitious, and others ineffective, meaning they are of no interest to the employer.

Keywords: Attendance, absenteeism, monitoring, measurement, freedoms.

§§§§§§§§§§§§§§§§§§§

1. – La contestation du temps de travail par les parties.

Mesurer la durée du temps effectif de travail est une obligation légale de l'employeur, tenu de se préoccuper de la santé de ses travailleurs. Or il est entendu que « *les prisonniers du boulot // font pas de vieux os* » (dit une chanson populaire). En vérité, l'employeur se plie volontiers à cette obligation. Car il décompte spontanément la durée de travail afin que le personnel ne le dilapide point, et ne lui cause alors un manque à gagner.

En pratique, ces deux parties au contrat de travail sont susceptibles de se poursuivre mutuellement en justice à propos du mesurage de l'assiduité. Pour l'essentiel, l'employeur se verra reprocher l'illicéité des moyens utilisés pour ses contrôles (§ 1.). Quant au salarié, il sera notamment appelé à répondre de ses tentatives de passer pour présent alors qu'il aura été absent (§ 2.).

I. – L'illégalité de certains contrôles de l'assiduité

2. – Le risque accru d'illicéité du contrôle en cas de grève.

L'employeur s'entoure de travailleurs pour des missions précises confiées à chacun. Toutefois, les objectifs qu'il poursuit risquent d'être compromis par le défaut d'assiduité de certains d'entre eux. L'on imagine dès lors aisément que l'employeur s'assure de la présence active de tous. Cependant, son contrôle apparaît parfois comme étant litigieux.

Effectivement, de temps en temps, des travailleurs estiment que l'employeur opère un contrôle qui bafoue leurs droits et libertés. C'est le cas à propos du contrôle classique et courant de l'assiduité (A). Puis il y a le cas encore plus délicat de la détermination des travailleurs absents pour grève (B).

A. – Les modalités courantes mais illicites des contrôles

3. – La célérité des poursuites et des sanctions.

Dans le cadre de son pouvoir disciplinaire, l'employeur dispose du droit d'infliger des sanctions (proportionnées) à ses subordonnés fautifs (220). L'absence d'un salarié à son poste de travail est une attitude fautive ; du moins jusqu'à preuve du contraire.

La prescription (extinctive) des poursuites disciplinaires diffère selon que le travailleur relève du secteur privé (deux mois), ou bien qu'il appartient à la fonction publique (parfois jusqu'à trois ans) (221). Après ce délai pour agir, il devient trop tard pour sévir contre le travailleur absentéiste (222).

L'employeur est en effet supposé avoir toléré ou excusé cette faute connue de lui. Autrement dit, ses reproches et sanctions doivent intervenir vite. Pourquoi ? Pour que les acteurs et les

220) François DUQUESNE, Droit du travail, Mementos LMD, Gualino, 14è éd. 2019, p.104.

221) Précisions : L'agent public pourrait être un agent titulaire, un agent contractuel ou un agent stagiaire (mais pas un étudiant !). Ensuite, l'intéressé pourrait indifféremment travailler dans la fonction publique d'État, ou dans la fonction publique territoriale, ou encore dans la fonction publique hospitalière.

222) Sylvia ROZELIER, Engagement des poursuites disciplinaires et prescriptions, D. 2002. 772.

témoins les aient encore en mémoire. Il y a crainte d'une déperdition des preuves (223).

4. – Les qualités techniques et éthiques de la preuve.

La preuve de la faute prétendue doit pouvoir être assumée devant un tribunal. Le principe est que les éléments probatoires ne sont recevables (par le juge) que s'ils sont à la fois licites (autorisation de la loi) et loyalement obtenus (avertissement patronal). En vérité, aucune liste légale ne répertorie les preuves interdites et celles qui seraient autorisées.

En tous cas, proclame le Code du travail (art. L1222-4) : « *Aucune information concernant personnellement un salarié ne peut être collectée par un dispositif qui n'a pas été porté préalablement à sa connaissance* ». La jurisprudence le rappelle par exemple dans l'arrêt de la 2ème chambre civile de la Cour de Cassation (du 17 mars 2016).

Cela dit, les contenus des badgeuses ou des caméras sont susceptibles de prouver la présence et l'assiduité d'un salarié, ou plutôt son absentéisme (224). Alors, indiquent trois auteurs : « *Il faut cependant vérifier que le contrôle*

223) Dans l'affaire FILLON, les justiciables auront déploré qu'il leur ait été exigé la preuve de réunions et/ou écrits remontant à des décennies. D'où un recours de leur part contre la justice française (la République française) devant la CEDH (Julie GALLOIS, Affaire Fillon : l'épilogue d'une saga judiciaire… ou presque, D.A., 30 mai 2024).

224) Laurent GAMET, Le travailleur et (les deux visages de) l'algorithme, Droit social 2022. 775.

automatique des salariés n'est pas invasif au point d'être attentatoire aux droits et libertés » (225).

D'un autre côté, le Code du travail dispose que « *si le décompte des heures de travail accomplies par chaque salarié est assuré par un système d'enregistrement automatique, celui-ci doit être fiable et infalsifiable* » (226).

L'appel à la géolocalisation (par l'employeur) est quasiment admis en France. Mais à charge de remplir au moins deux conditions : tenir compte du principe de justification ainsi que de celui de proportionnalité (227).

L'idée est que l'employeur n'y recourra qu'à défaut d'autres systèmes (moins intrusifs) de contrôle de l'assiduité. Puisqu'il s'agit de s'assurer de la réalité du travail, alors la CNIL interdit la géolocalisation hors du temps de travail (228).

5. – Les limitations à l'usage patronal de la géolocalisation.

Que la CNIL permette la géolocalisation du personnel seulement durant les heures de travail a été contesté par un employeur devant le Conseil d'État. À cette occasion (affaire SOCIÉTÉ ODEOLIS) le rapporteur public (une dame signant au masculin) avait proposé de consacrer (aussi) le caractère exceptionnel du recours à cet outil de contrôle à distance. Sa recommandation

225) Gilles AUZERO, Dirk BAUGARD et Emmanuel DOCKÈS, Droit du travail, Précis Dalloz, 2018, n° 859 ; Cass. Soc., 3 novembre 2011, n° 10-18.036, Sem. Soc. Lamy 2011, n° 1518, obs. Flores ; Dr. Ouvrier 2011. 153, note S. BARADEL et P. MASANOVIC (système de géolocalisation) ».
226) Code du travail, article L3171-4, alinéa 3.
227) Conseil d'État, 15 déc. 2017, n° 403776.
228) Délibération CNIL 2015-165 du 4 juin 2015.

aura été suivie par la juridiction administrative suprême (15 décembre 2017) (229).

En l'espèce, avait clamé la magistrate : « *Ce litige en matière de traitement de données à caractère personnel pose la question de savoir si vous reprenez à votre compte la jurisprudence de la Cour de cassation en matière de contrôle du temps de travail par géolocalisation des employés. Nous vous y invitons fermement, non seulement parce qu'il convient d'éviter les hiatus jurisprudentiels entre ordres de juridiction, mais aussi parce que les effets que porterait en germe la solution inverse nous inspirent rien moins qu'une certaine révulsion* » (230).

6. – La preuve de l'activité du salarié lors d'un télétravail.

Dans le monde anglo-saxon, il y a une utilisation massive de logiciels de surveillance des salariés, notamment en cas de télétravail. Ces logiciels offrent aux employeurs la possibilité d'un enregistrement des mails (professionnels) du télétravailleur, ainsi que les sites internet qu'il aura consulté.

Parfois, pour savoir si le salarié est à l'ouvrage, l'employeur lui commande une connexion continue en visioconférence. Alors son écran de contrôle est subdivisé de façon à pouvoir visualiser simultanément chacun des télétravailleurs (à contrôler). À tout moment, il peut cliquer sur la photo de celle-ci ou de celui-là, pour vérifier la continuation de son activité professionnelle.

229) Conseil d'État, 15 décembre 2017, n° 403776, SOCIÉTÉ ODEOLIS.

230) Aurélie BRETONNEAU, Contrôle du temps de travail : l'illicéité de la géolocalisation, AJDA 2018. 402.

À première vue, aucun salarié ne devrait pouvoir se plaindre du lien direct et permanent instauré par l'employeur. Car un tel lien permet à chacun de demeurer en contact avec sa hiérarchie et avec les collègues. En conséquence de quoi tous continuent de faire équipe. Même si l'on sait que l'employeur est toujours davantage mû par une recherche de la productivité que par le maintien d'un lien (social) entre ses salariés (231).

7. – L'espionnage du personnel surtout dans les PME.

Beaucoup d'entreprises françaises se laissent tenter par les logiciels espions ou keyloggers (enregistreurs de frappes). De cette façon, même de leurs bureaux les dirigeants sont au courant des touches d'ordinateur tapées par le salarié. Ils ont également connaissance de ses communications par mail, par Zoom, par Skype et autres.

Les grandes firmes, parce que dotées de nombreux managers et conseils, connaissent parfaitement les risques juridiques (232). Ils maîtrisent notamment le risque de s'engager dans la voie du contrôle sournois et invisible de ses salariés (233). En revanche, beaucoup de petites structures ignorent qu'il est

---

231) Une banque américaine a par exemple diffusé un courriel (le 16 mars 2020) à son personnel pour dénoncer le détournement de la flexibilité de travail offerte, et l'obligation dans laquelle elle se serait trouvée d'installer un logiciel de suivi d'activité.

232) Dans ces firmes le juriste est conduit à « *1) appliquer la science ; 2) choisir la science ; 3) juger la science ; 4) connaître la science* » (Gilles LHUILIER, Le droit et sa pratique à l'Âge des transitions, Revue pratique de la prospective et de l'innovation n° 2, Novembre 2023, dossier 12).

233) Harold KOBINA GABa, Ignorance, mépris ou respect circonstancié du droit applicable dans l'entreprise ? D. 2003. 915.

illicite (déloyal) d'installer secrètement un *"mouchard électronique"*, ou de procéder à des filatures sauvages.

8. - Le litige entre patron suspicieux et salarié surveillé.

Tout employeur se révèle suspicieux et soucieux de la de sécurité et/ou de la confidentialité de ses données. Cette légitime préoccupation ne rend pas pour autant consécutivement légitime une volonté de supervision secrète. Ainsi, même la supervision que l'employeur assume clairement doit être indiquée au CSE, de même qu'aux salariés alors ainsi surveillés (234).

Un contrôle trop intrusif perturbe la santé mentale du salarié et/ou sa vie privée. L'employeur veillera dès lors à n'affecter ni l'une, ni l'autre. Plus généralement, son pouvoir de direction et de contrôle butera toujours sur l'obligation de tenir compte des libertés fondamentales du personnel.

À savoir : « *respect de l'intimité de la vie privée et de la vie familiale, respect du secret des correspondances, respect des règles relatives à la protection des données à caractère personnel. Ce contrôle doit être justifié et proportionné, en veillant à bien informer les salariés ou les agents et leurs représentants* » (235).

Certes, de plus en plus de personnes (surtout des jeunes) s'exhibent sans retenue sur les réseaux sociaux. De leur point de vue, sans doute apparaît-il anachronique ou dérisoire de

---

234) Code du travail, article L1222-4.

235) Me David LECOMTE, https://www.houdart.org/le-controle-dactivite-des-teletravailleurs-confines/.

tant se préoccuper de la protection de la vie privée (236). En fait, ils n'entrevoient que les retombées (positives) de l'exposition médiatique.

Une autre contradiction existe de la part des grévistes. En effet, ils désirent appartenir à un collectif nombreux (bruyant, ou intimidateur, ou persuasif). Néanmoins, ils rechignent à se faire identifier individuellement comme grévistes. D'où de possibles contentieux.

B. – La problématique de l'identification des absents pour grève.

9. – Un droit de grève soumis à des critères.

La France permet à ses travailleurs d'entrer en grève ; c'est-à-dire d'arrêter collectivement le travail dans l'espoir que leur employeur (exaspéré ou désespéré) satisfasse une ou plusieurs de leurs revendications professionnelles. Celles-ci portent en général sur l'amélioration des conditions de travail, ou sur le bénéfice d'une augmentation des salaires.

Concrètement, les grévistes désertent leurs postes de travail durant un temps plus ou moins long. Néanmoins l'absentéisme corrélatif n'emporte pas de sanction disciplinaire. Parce que la grève est légale. Du moment toutefois qu'elle aura été collective, professionnelle, et sans abus manifeste. Tout au plus y a-t-il un risque de retenue sur salaire pour la période définie comme étant celle de la grève, et donc sans travail au profit de l'employeur

---

236) Lucie CLUZEL-MÉTAYER, Les téléservices publics face au droit à la confidentialité des données, ENA, Revue française d'administration publique, 2013/2 N° 146, pages 405 à 418, https://www.cairn.info/revue-francaise-d-administration-publique-2013-2-page-405.htm.

Mais hélas, l'esprit gaulois (conflictuel et vindicatif) se plaît à surprendre l'employeur, lequel découvre un beau matin l'existence, à la fois des revendications, et de l'arrêt de travail (237). Pourtant, l'on se tromperait probablement en se figurant que tous les salariés absents sont en grève. Des tris s'imposent par conséquent. Pire, certaines présences traduisent plutôt une volonté de grève de la part de salariés pourtant autorisés à s'absenter.

10. – L'identification des grévistes et du temps de grève.

En bonne logique, l'on ne prend certainement la moindre mesure de rétorsion contre les absentéistes sans les avoir identifiés au préalable. À cet égard, les personnels pointent ou badgent pour marquer leur prise de poste. Par ailleurs, les éventuels retards et absences se déduisent pareillement (238).

Dans un service public (même et surtout en cas de grève), cette identification est facilitée par les agents eux-mêmes. Car ils doivent s'annoncer (se dénoncer) comme futurs absentéistes. En pratique, les grèves soudaines apparaissent toujours

---

237) On notera que dans beaucoup de pays étrangers, la grève n'est déclenchée qu'en dernier recours, compte tenu de l'échec de négociations préalables. Si cette façon de procéder est plutôt naturelle en Allemagne et dans les démocraties de l'Europe du Nord, elle est en revanche expressément prescrite par la loi, dans divers pays du tiers-monde. Apparemment, leur quête d'investisseurs (et du développement économique) s'accommode mal avec des arrêts intempestifs du travail. La raison est que seule l'activité continue permettra l'amortissement nécessaire des équipements, puis la (*"juteuse"*) rémunération attendue par les investisseurs.

238) Par ailleurs, le dispositif permet de comptabiliser les temps de pause (impromptus et/ou interminables) ou les départs anticipés.

condamnables (239). Il n'empêche que le préavis de grève n'est pas obligatoire dans le secteur privé. Du moins pour les structures étrangères à une situation de délégation de service public (240).

11. – Le préavis de grève parfois sans grève effective.

Des fonctionnaires se sont émus de cette exigence de transparence et de décompte, criant au flicage et au fichage. Pour eux, un tel dispositif de signalement préalable portait atteinte au droit de grève.

Mais le Conseil d'État (12 février 2020) leur aura donné tort. D'après lui, il est normal que l'agent public assume sa décision d'entrer en grève. D'abord, en se déclarant ; puis en supportant les désagréments pécuniaires susceptibles d'en découler. Autrement dit, ce n'est pas en l'occurrence *« une atteinte grave et manifestement disproportionnée au droit de grève »* (241).

---

239) Comme disait BONGO du Gabon : « *les grèves sauvages et les revendications systématiques sont aussi condamnables que le capitalisme sauvage* ».

240) CASS. SOC., 30 juin 2015, SOCIÉTÉ GUYAVERT, pourvoi n° 14-11077, Bulletin 2015, n°833. Dans cette affaire, il était question d'un seul salarié (gréviste), alors que la grève est normalement collective. Peut-être lui seul aura entendu s'élever contre les mesures de rétorsion de l'employeur.

241) CONSEIL D'ÉTAT, 12 février 2020, n° 421997, MM. X. c/ Ministre de l'enseignement supérieur.

12. – La spécificité déniée de la grève des universitaires.

Dans l'affaire ci-dessus, les grévistes étaient des enseignants-chercheurs. À l'ordinaire, leurs revendications sociales n'impactent pas leur portemonnaie. Or, ils auront découvert à cette occasion (pour eux-mêmes) le prix d'une grève. Bref, ce sont finalement des grévistes ''*comme les autres*''.

Encore qu'il soit malaisé de calculer avec certitude leur temps de travail. Car l'enseignant-chercheur n'est généralement attendu devant ses étudiants qu'un jour pas semaine ; par exemple le mardi ou le jeudi. Hors du créneau ainsi balisé, il peut librement vaquer à des (solitaires ou collectives) productions intellectuelles ; plus ou moins loin de son université (242). Pour le juge administratif intègre ce temps libre dans la durée de la grève de l'universitaire.

13. – La considération des jours fériés comme jours de grève.

En principe aucune mesure coercitive n'est envisageable contre le gréviste (légaliste). En revanche les autres absentéistes encourent des sanctions disciplinaires s'ils n'ont pas d'excuse valable. Généralement, les uns et les autres ont en commun de ne pouvoir exiger de rémunération à l'employeur, lequel aura déjà souffert de leur défaut d'assiduité.

---

242) On notera que ceux d'entre eux qui s'adonnent aux conseils en droit, en gestion, en informatique, etc., renoncent alors à la prime d'enseignement supérieur et de la recherche. Peu importe que par ailleurs ils publient énormément et fassent des heures supplémentaires (des heures complémentaires, préfère-t-on dire à l'université). Mais une évolution généreuse aura point relativement à cette prime.

À ce propos, chaque salarié déclaré comme gréviste doit-il être considéré comme tel jusqu'à la fin complète de la grève en question ? L'interrogation vient de ce qu'une période de grève est susceptible d'englober des jours non ouvrés (dimanches et fêtes). Ne faudrait-il pas que la grève ne concerne pas ces jours-là ? L'idée est celle d'une intermittence, un va-et-vient, entre la grève et la présence au poste de travail (243).

Mais comme dit la Cour de cassation : « *l'exercice du droit de grève suspend l'exécution du contrat de travail pendant toute la durée de l'arrêt de travail, en sorte que l'employeur est délié de l'obligation de payer le salaire* » (244). Encore une fois, il faut être capable de déterminer la situation respective des salariés absents de leurs postes de travail.

14. – Les subtilités de la réalité de la grève des cheminots.

À la SNCF, la question s'est posée de savoir si un cheminot apparemment gréviste pouvait légitimement prétendre à sa rémunération habituelle. La cour d'appel de PAU (8 janvier 2015) avait eu à répondre positivement à cette question. Puis son arrêt avait été vainement critiqué devant la Cour de cassation (13 octobre 2016) (245).

Il est vrai que dans cette société publique, la disponibilité des conducteurs connaît une position intermédiaire entre le choix de la présence (agent roulant) et celui de l'absence (agent en grève). Il se trouve qu'en cas de dépôt de la déclaration

---

243) Elsa PESKINE et Cyril WOLMARK, Droit du travail 2024, HyperCours, Dalloz, n° 872 et suivants.

244) CASS. SOC., 24 juin 1998, pourvoi n° 97-43.876, 97-43.877, Bulletin 1998 V n° 335 p. 253.

245) CASS. SOC., 13 octobre 2016, 15-13.886.

individuelle d'intention (de faire grève), l'employeur placera l'intéressé en service facultatif (246). Celui-ci ne sera pas encore gréviste à proprement parler.

Pourtant, il y a des agents dont la prise de poste est indispensable à l'exécution du plan de transport. Or ces agents pourraient aussi vouloir prendre part à la grève. Y participer dès le début, ou bien seulement par la suite. Le cas échéant, ils doivent clairement opter (dans les 48 heures, et parfois les 24 heures) pour l'assiduité ou pour l'inassiduité (247). Sinon ils se seront associés à la grève. Aussi longtemps que cette décision n'aura pas été prise (à bon escient), ils mériteront leur rémunération.

15. – Le juge judiciaire et la solidarité envers la grève.

La solidarité manifestée envers des collègues de sa structure de travail s'analysera souvent en la participation à leur grève. On peut s'en rendre compte dans un ARRÊT AIR FRANCE du 24 juin 1998. La Cour suprême judiciaire (24 juin 1998) aura proclamé que : « *le salarié, qui s'est associé au mouvement de grève doit être légalement considéré, sauf preuve contraire de sa part, comme gréviste pour toute la durée du mouvement ; qu'il ne peut donc prétendre au paiement de sa rémunération pendant cette période, peu important que certains jours il n'ait eu, normalement, aucun service à assurer* » (248).

---

246) Code des transports, article L1324-7.

247) CASS. SOC., 13 octobre 2016, 15-13.886 ; CASS. SOC., 16 janvier 2019, pourvoi n° 17-27.124, Société SNCF mobilités c/ Sud Rail ; rejet du pourvoi contre Paris (du 27 octobre 2017).

248) CASS. SOC., 24 juin 1998, pourvoi n° 97-43.876, 97-43.877, Bulletin 1998 V n° 335 p. 253.

Pourtant, une vingtaine d'années plutôt la lecture de L'ARRÊT ZUERAS révélait comme inadmissible de supposer (de façon irréfragable) un absent comme étant un gréviste. Une supposition qui serait fondée sur le fait que l'intéressé se serait sûrement joint au mouvement social si son contrat de travail n'avait déjà suspendu par un arrêt maladie à l'époque de la grève (249).

Selon cet arrêt : « *Pely-Zueras, tombé malade avant le début de la grève totale qui avait suspendu les contrats de travail et guéri seulement après la reprise du travail, avait droit pour cette seconde période à la totalité de ces compléments de salaire, sans qu'il y eut lieu de supputer, en l'absence de preuve, qu'il aurait participé à la grève s'il avait pu travailler* » (250).

16. – Le juge administratif et la solidarité envers la grève.

On pouvait hésiter s'agissant d'un travailleur qui, étant en congé, ne pouvait apparemment faire grève. Oui, un permissionnaire se trouve logiquement à l'abri de tout reproche d'absentéisme, notamment pour participation à un mouvement de grève (251).

Il n'empêche qu'un agent de MÉTÉO FRANCE avait profité de son temps libre pour revenir vers la structure de travail en vue de

---

249) CASS. SOC., 20 février 1980, 78-41.116, Société Fabriques Réunies de Lampes Électriques, Bulletin N. 161.

250) Idem.

251) En ce sens : CONSEIL D'ÉTAT, 21 avril 2023, Un faux malade mais vrai gréviste peut être privé de traitement, Lebon 2023.

manifester avec ses collègues. C'est une démarche que lui reprocha alors l'employeur confronté à la grève (252).

Selon le Conseil d'État (04 décembre 2013), en l'espèce « *le tribunal administratif n'a commis aucune erreur de droit en jugeant que, faute pour M. B... de démontrer qu'il bénéficiait ce jour là d'un congé annuel, Météo-France était fondé à procéder à la retenue sur son traitement pour absence de service fait le 17 octobre 2008* » (253).

A contrario, s'il était revenu participer au piquet de grève pendant ses congés annuels, la retenue qu'il avait subie n'eut pas été légale (254). Même sous cette réserve, l'arrêt demeure juridiquement fragile.

17. – La critique de l'analyse du permissionnaire en gréviste.

Dans l'affaire ci-dessus, si lors de la manifestation revendicative le permissionnaire (cependant qualifié de gréviste) avait commis des dommages sur la personne ou les biens de tiers, MÉTÉO FRANCE aurait dénié la mise en jeu de sa propre responsabilité administrative. C'est tout logiquement en effet qu'il aurait décliné la notion de faute de service pour opter

252) Certes, « *l'application des règles de décompte des retenues sur le traitement mensuel de l'agent en grève ne saurait toutefois porter atteinte à son droit au congé annuel lorsque cet agent a été, préalablement au dépôt d'un préavis de grève, autorisé par son chef de service à prendre ses congés au cours d'une période déterminée* » (CONSEIL D'ÉTAT, 04 décembre 2013, Météo-France, n° de pourvoi 351229).

253) Idem.

254) Marie-Christine ROUAULT, Les jours de congés annuels compris dans une période de grève doivent être payés, La Semaine Juridique Social n° 29, 15 Juillet 2008, act. 403). Cette doyenne honoraire faisait des observations sous CONSEIL D'ÉTAT, 27 juin 2008, n° 305350, MORAND.

plutôt pour le concept de faute personnelle ; c'est-à-dire *« sans lien avec le service public »* (comme dit la formule classique).

Son refus de laisser impliquer le service public dans une telle occurrence serait défendable. Parce que durant sa permission, l'agent public devient quasiment un étranger au service. Un étranger sans compte à lui rendre ; hormis le nécessaire respect des obligations de loyauté ou de dignité prévues pour tous les fonctionnaires (255). En un mot, cet agent ne saurait être compris dans les grévistes à dénombrer.

La preuve par l'absurde est que si des badauds rejoignaient des fonctionnaires grévistes, l'employeur public ne les retiendrait absolument pas dans son décompte du nombre de grévistes. Nul ne s'étonnerait alors de sa position : ce ne sont pas en effet ses agents. Cette administration n'envisagera pas non plus sérieusement de les sanctionner sur le plan disciplinaire. D'ailleurs, ils lui sembleront, à coup sûr, sans reproche (pénal ou civil).

En fait, les velléités coercitives de l'administration, contre les badauds apportant leur soutien à une manifestation, butteraient contre la liberté d'aller et venir, ainsi que contre le droit de manifester (256). Bref, l'employeur public (ou privé) ne doit répondre que de son travailleur en activité pour lui.

---

255) https://uffa.cfdt.fr/portail/uffa/vos-droits-et-obligations/droits-et-obligations-statutaires/l-obligation-de-dignite-srv2_1182997; https://www.cdg-64.fr/index.php?eID=dumpFile&t=f&f=10720&token=5f04bd0f938e4d6ea41f7618ecd1f5f4cbfca5e5.

256) Il s'agit de libertés publiques qui bénéficient à tous depuis 1789, c'est-à-dire à partir de la Déclaration des Droits de l'Homme et du Citoyen. Certes, une loi (voire un acte réglementaire) peut y apporter une restriction partielle et temporaire pour le bien de tous, notamment l'ordre public.

Inversement, dans le cadre de sa vie personnelle, le travailleur n'a point de compte à rendre à son employeur. Il en irait peut-être autrement si, pour jouir d'un temps libre, il commettait une fraude à l'occasion du calcul de ses présences (ou de ses absences).

§ 2. - La fraude dans la déclaration des présences ou des absences

18. - La minimisation du temps de travail et son exagération.

Le nombre présences au poste de travail ainsi que leur durée sont susceptibles de constituer une cause de procès. En ce qui concerne le travailleur, peut-être prétendra-t-il avoir travaillé plus que noté par l'employeur. De sorte qu'il réclamera donc le paiement d'heures supplémentaires. Le problème dans un tel cas de figure est celui de la charge de la preuve (A.)

De son côté, l'employeur dénoncera l'attitude frauduleuse de travailleur, lequel aura gonflé la durée (insuffisante ou inexistante) de sa présence dans la structure de travail. D'ailleurs, le travailleur pourrait s'être contenté de faire acte de présence. En particulier lorsque le travail alors effectué par lui servira plutôt à sa propre personne. Selon toute apparence, une semblable présence fictive ou ineffective appelle des sanctions de la part de l'employeur (B.).

A. - La charge de la preuve du temps consacré au travail

19. - La preuve à soi-même et les attestations de proches.

Pour être en mesure de prouver ses présences (dans l'hypothèse d'un procès), le travailleur devrait d'avance se dire qu'un tel procès aura probablement lieu un jour. D'où l'intérêt de mentionner avec soin (dans ses archives) ses créneaux horaires de travail, leurs lieux, les témoins, et peut-être des ''*selfies*''. Encore que classiquement la preuve à soi-même ne présente point de valeur (257).

Et le témoignage écrit, c'est-à-dire une attestation, suffira difficilement quand on l'obtient d'un parent ou d'un ami. Effectivement, a jugé la Cour de cassation (18 mars 2020), *« l'attestation de l'épouse du salarié émanant d'un proche et, comme telle, dépourvue de valeur probante [...] »* (258).

Au demeurant, tous les salariés ne disposent pas d'agendas tenus fidèlement. Par exemple parce qu'ils souffriraient de ''*phobie administrative*''. Par ailleurs, la noblesse d'âme de certains leur interdira parfois de pointer (de façon mesquine) chacune des heures effectuées, juste pour ne point perdre le moindre sou.

20. – La charge patronale de la preuve du temps de travail.

En matière civile, les fondements légaux de la preuve ont leur siège dans le Code civil et dans le Code de procédure civile. Néanmoins, en matière de calcul du temps de travail utilisé au profit de l'employeur, le régime probatoire figure dans le Code du travail (article L3171-2). C'est à l'employeur qu'il revient, pour chacun de ses salariés, de dresser les documents révélant la durée de travail, les repos compensateurs acquis, ainsi que leur prise effective.

---

257) Julie KLEIN, Des limites au principe selon lequel nul ne peut se constituer de titre à lui-même, RTD civ. 2024. 711.

258) Cass. Soc., 18 mars 2020, n° de pourvoi : 18-10919.

Un litige peut dès lors découler de l'un de ces points. Concrètement, le demandeur devra présenter au juge les éléments sur lesquels il fondera sa prétention. Ensuite seulement, le défendeur aura (à son tour) à présenter les siens. Ce sera bien sûr au juge de voir lesquels sont les plus convaincants.

En cas de doute (sur l'effet persuasif des preuves) notre juge déboutera le demandeur. Celui-ci sera réputé avoir échoué à rapporter les éléments nécessaires au soutien de ses prétentions. Encore qu'un juge puisse parfois aider le demandeur, mais conformément à la loi. Par exemple, suggère le Code du travail, en diligentant des mesures d'instruction (259). Quelquefois, des présomptions légales ou judiciaires serviront pour décider (260).

21. – Le paiement d'heures oubliées par l'employeur.

En pratique, la discussion juridictionnelle du décompte d'heures se fait à l'initiative du travailleur prétendant avoir été insuffisamment payé. Dès lors, rappelle la Cour de cassation (18 mars 2020), « *il appartient au salarié de présenter, à l'appui de sa demande, des éléments suffisamment précis quant aux heures non rémunérées qu'il prétend avoir*

259) Code du travail, article L3171-4, alinéa 2.

260) Pourtant, la cour d'appel de Douai (28 mai 2010) aura appliqué sévèrement les règles sur la charge de la preuve au détriment d'un salarié. Pour sa part, dans cette affaire, la Cour de cassation a cependant pensé que, « *en statuant ainsi, alors que le salarié avait produit un décompte récapitulatif circonstancié des heures qu'il prétendait avoir réalisées auquel l'employeur pouvait répondre, la cour d'appel a violé le texte susvisé [Code du travail, art. L3171-4]* » (Cass. Soc., 28 mars 2012, N° de pourvoi : 10-21098).

ISSN 3096-8143

accomplies afin de permettre à l'employeur, qui assure le contrôle des heures de travail effectuées, d'y répondre utilement en produisant ses propres éléments » (261).

Dans l'espèce ci-dessus, le travailleur s'était beaucoup embrouillé devant les juges ; à propos de ses lieux d'intervention ; et à propos de leurs dates et horaires. Les conseillers de la cour d'appel de Versailles (22 novembre 2017) lui firent en outre remarquer le caractère a postériori de la plupart des documents produits (262). En pareille circonstance, l'employeur à juste titre mécontent pourrait aller au-delà du simple refus du supplément de rémunération.

B. – Les réactions contre les présences fictives ou ineffectives

22. – Le défaut de travail et l'indu ou l'abus de biens sociaux.

Parfois, le travailleur prétend faussement avoir été à son poste. Or, il aura plutôt vaqué à des occupations personnelles ; peut-être même dans la structure de travail. Il est naturel que le cas échéant l'employeur refuse de le rémunérer, et songe éventuellement à une action en restitution de l'indu. D'ailleurs, des sanctions pénales se profilent contre le travailleur, notamment pour faux et pour usage de faux.

À ce sujet, une dame (ARGENTINE X.) aura été condamnée du chef d'abus de biens sociaux car elle avait perçu un salaire sans contrepartie de travail (263). Bien sûr, son sort aurait été meilleure si elle avait prouvé avoir consacré tout son temps de

---

261) Cass. Soc., 18 mars 2020, n° de pourvoi : 18-10919.
262) Idem. L'arrêt versaillais avait néanmoins été cassé ; mais sur la base d'un autre moyen ; au visa de l'article L3171-4 du code du travail.
263) Cour d'appel de Versailles, 21 octobre 2004.

travail à l'employeur. En tous cas, d'avoir parfois été aperçue dans l'entreprise n'aura pas suffi à démontrer son assiduité ; c'est-à-dire (comme ont dit les juges) « *la permanence de la présence au travail* ».

23. – La responsabilité patronale malgré le défaut de travail.

Dans cette affaire, tout aussi inopérants auront été la « *vingtaine d'attestations prétendument établies par des clients, des fournisseurs, des banquiers, des commissaires aux comptes et d'anciens salariés, tous certifiant [...], qu'ils avaient eu des relations professionnelles avec Argentine X* ». Leur ressemblance formelle aura fait douter de leur véracité. Alors, comme à l'ordinaire sur de telles questions de fait, la Cour de cassation (08 mars 2006) se sera retranchée derrière le pouvoir d'appréciation des juges du fond (264).

Dans une autre affaire, la cour d'appel de Lyon (18 octobre 2000) avait jugé qu'une salariée qui, au lieu d'utiliser le temps et les moyens de travail au profit de son employeur, les utilisait à son profit personnel, s'excluait de la protection civile patronale (du fait d'autrui).

Pourtant, la Cour de cassation (19 juin 2003) cassa l'arrêt correspondant. C'est vrai que, en l'espèce, l'intéressée « *avait agi au temps et au lieu de son travail, à l'occasion des fonctions auxquelles elle était employée et avec le matériel mis*

---

264) Cass. Crim., 8 mars 2006, n° de pourvoi : 04-86648, Non publié au bulletin.

ISSN 3096-8143

à sa disposition, ce qui excluait qu'elle ait commis ses détournements en dehors de ses fonctions » (265).

24. – Le licenciement pour travail à son propre profit.

La cour d'appel de Grenoble (9 janvier 1978), elle avait à tort déclaré un licenciement comme n'ayant pas de cause réelle et sérieuse. D'où diverses indemnités au profit du salarié. Or l'employeur (la SOCIÉTÉ ÉTABLISSEMENTS LAVECIRE-FRANCE) avait invoqué des griefs apparemment convaincants, dont le défaut d'assiduité.

Par conséquent, selon la Cour de cassation (19 mars 1980), une telle décision d'appel était mal fondée en droit. Car « *le représentant ne consacrait pas en permanence et exclusivement son activité professionnelle à la SOCIÉTÉ LAVECIRE, puisqu'il participait, avec son épouse, à l'exploitation d'un hôtel* » (266).

Enfin, et selon un raisonnement identique, un arrêt de la cour d'appel de Caen (16 septembre 2016) aura été cassé. Pour la Haute Cour (11 avril 2018) il y avait une déloyauté fautive dans « *le fait, pour une salariée, de créer, tout en étant au service de son employeur et sans l'en informer, une activité libérale de mandataire judiciaire directement concurrente de la sienne, caractérise à lui seul un manquement à son*

---

265) Cass. Civ. 2, 19 juin 2003, n° de pourvoi : 00-22626 Bulletin 2003 II N° 202 p. 169.

266) Cour de cassation, chambre sociale, 19 mars 1980, N° de pourvoi : 78-40864, Publié au bulletin.

obligation de loyauté constitutive d'une faute rendant impossible son maintien dans l'entreprise » (267).

Dans une espèce jugée par le Conseil d'État (4 novembre 1994), un adjoint technique administratif avait été révoqué par son employeur, l'OPHLM DE LA COMMUNAUTÉ URBAINE DE STRASBOURG. La sanction était fondée sur des *« mentions inexactes de jours de présence portées par cet agent sur les feuilles de pointage, le non-respect des horaires de travail, et le recours abusif à des congés de maladie »* (268).

Saisi de la légitimité et de la proportionnalité de la révocation, le conseil de discipline de recours (placé auprès du centre de gestion de la fonction publique territoriale du Bas-Rhin) proposa (18 octobre 1991) de substituer à la sanction de révocation une mesure d'exclusion temporaire de fonction. Mais pour une durée de six mois et, sans sursis (269).

Malgré l'avis ainsi reçu sur la sanction adéquate, le président de l'office (16 janvier 1992) maintint sa rigoureuse sanction initiale. Son entêtement (et donc son refus de rapporter la sanction) ne pouvait qu'être sanctionné par le tribunal administratif de Strasbourg (10 décembre 1992).

La raison est que la loi relative à la fonction publique territoriale (loi du 26 janvier 1984) prévoyait des dispositions contraignantes pour l'employeur public. Il y avait notamment l'interdiction d'une sanction plus sévère que celle

---

267) Cass. Soc., 11 avril 2018, n° de pourvoi : 16-24749. La cour d'appel s'était pourtant appuyée sur de nombreux éléments de nature à emporter la conviction.

268) Conseil d'État, 4 novembre 1994, n° 145225, OPHLM de Strasbourg.

269) Une pareille exclusion temporaire de fonctions prive l'agent public de toute rémunération, contrairement à la suspension (en attente de sanction).

ISSN 3096-8143

recommandée par le conseil de discipline (270). À moins qu'un tel conseil ait mal apprécié les faits. Une hypothèse qui reçoit classiquement la qualification suivante : « *erreur manifeste d'appréciation* » (271).

270) Cour administrative d'appel de Bordeaux, 6 juin 2005, Modalités de vote du conseil de discipline, AJDA 2005. 1750.

271) Conseil d'État, 4 novembre 1994, précité.

TABLE DES MATIÈRES

Table des matières

Table des matières

Table des matières

FIN D'OUVRAGE